2250 km
藏東紀事

史考特・伊佐 SCOTT EZELL 著　　謝汝萱 譯

生存與劫難下的真實西藏

JOURNEY TO THE END OF THE EMPIRE

ON THE ROAD IN EASTERN TIBET

目錄

第一部 方尖碑

第二部　追憶遺忘中的世界（西藏追風之旅）

第三部　幽冥地景

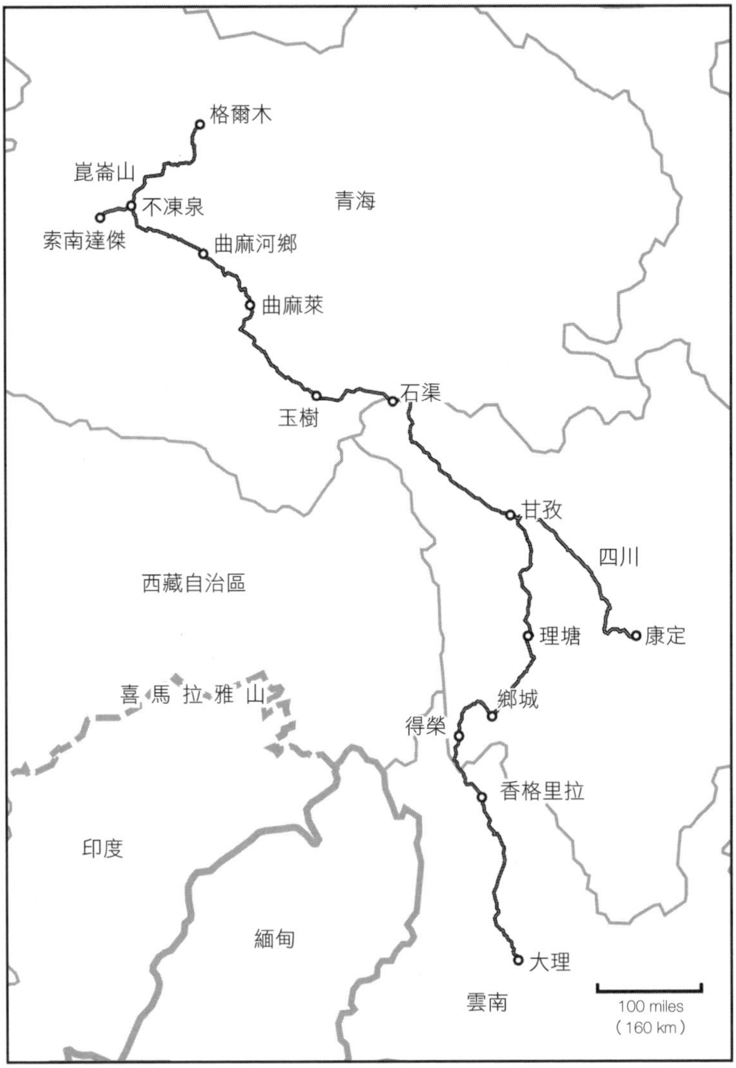

二二五〇公里的旅行路線

作者的話

二〇〇四年九月，我踏上旅程，沿著西藏邊緣前進。我從中國西南方喜馬拉雅山的山麓丘陵啟程，坐當地公車、搭便車、騎在路上買的摩托車，北行到更遠、更高的地景。會說中文讓我一路上能與村民、佛教喇嘛、將骨塊編進髮辮的游牧民族、安檢站的警察交談。經過六週，走了一千九百多公里後，我抵達可可西里，海拔五千一百八十公尺的一片荒野保留地。我從那裡越過崑崙山脈，下坡到交通薈萃的西藏格爾木市、漢人之地與新疆。那段旅程成為本書敘事的基礎。

其後的十五年，我回到西藏與中國西南方十二次，目睹了令人震驚的轉變，那些打擊感覺深入骨髓。大型水壩系統扼殺了河流，社區被迫遷徙，山脈被耙開，提供建設計畫所需的礫石，在中國邁向管制森嚴的警察國家，成為超級強權之際，整個地區也日益軍事化並受監控。

觀察到上述趨勢後，僅把西藏當成引人入勝的景色與文化來描寫已不再足夠。我開始將自己目睹到的變化與本來遊記的結構，結合為一場穿越時間也穿越實際地理的旅行。由此產生的敘事，召喚著西藏地景的壯麗雄偉、西藏人民的獨特自尊，走進地圖邊緣跡近前工業時期的社區，目睹各種文化與生態系統的消蝕，予人極端的感官體驗。

今日中國新疆的集中營囚禁著一百萬名維吾爾人，民主自由在香港已瓦解，人權律師被關進黑牢，政府公開監視人民。但「帝國」的系統性壓迫並不是中國所獨有，美國與其他地方對原住民土地的強奪豪取及種族屠殺，奴隸制的殘留影響與今日全球經濟下的薪資奴隸制，將殖民西藏當成擴張領土、攫取資源的方法——這些都是中央集權政體對少數、邊緣化、弱勢族群施展權力的變奏。

這段「前往帝國盡頭」的敘事之旅是一則縮影，具體而微地顯現當代生活的條件如何與遼闊原始的西藏地景形成強烈對比。也許更深入地了解中心與邊緣、威權與自治之間的動態，我們才能開始將地球重新構思為一個永續、和平、平等的居所。

二〇二一年七月，墨西哥恰帕斯

第一部

方尖碑

1

大理，西藏的門戶

在大理，帝國的西南角，我看著一名男子當街殺豬。厚厚的死豬皮被劃破後，露出一片深及骨肉的粉紅色與灰色，在老舊的軍用帆布上攤成一幅立體派肉畫。男子停下來點一根菸，血沾上了唇間的捲菸紙。

時值九月——薄薄的金色秋光斜灑，猶如浸滿了流動光子的礦物油。水流入廣場大理石板下的水溝，朝谷底的洱海流去。青色山脈向四面八方延伸，如同剛孵化的龍，在陽光下閃爍。北方的河流與峽谷如圍裙帶般從青藏高原向下散開。男子從豬屍腹部劃開到灰色豬鼻處，拉出一坨內臟丟進水渠，清洗豬腸中的餘便，再捲起豬腸。他斬下豬腿，切成肉片，填進東凹一塊西凹一塊的摩托車側邊的馱籃中，接著砍下豬頭，綁在後擋泥板處。男子洗淨帆布，刷地一聲塞進籃子，再點一根菸，然後在車後升起的藍色廢氣中揚長而去。

「當豬真慘。」我旁邊的人用中文說。我轉頭看見小劉，一個留著一小撮山羊鬍的瘦削年輕人，目光慧黠而猜疑，幾天前我見過他。他是從帝國較繁忙的都市現實漂流到大理的一名波希米亞青年，如今在石街的咖啡館與便宜麵店，和一群朋友

第一章

大理，西藏的門戶

之間來來去去過日子。

「在這裡殺豬很匪夷所思。」我說

「嘿，老兄，」小劉說，「不過是血和暴力罷了——沒什麼新鮮的。當著大家的面殺豬，總比躲在屠宰場或政治局會議中殺人來得好。」

我無言以對。在我沿著西藏邊緣深入更高、更遠的北部的旅途中，我變得愈來愈難分辨一盤肉和當成肉源的動物。親吻地獄的血盆大口，唸佛感謝還輪不到你成刀下亡魂，然後繼續前進吧。小劉從永遠刁在嘴角的大麻菸吐一口煙後，把菸遞給我。

「你抽大麻，警察不找你麻煩嗎？」我問道。

「欸，他們才不在乎，怎麼可能？這裡遍地都是野生大麻。如果他們知道樂子在哪兒，自己拔去抽都來不及。」

「毛主席怎麼辦？」

「去他的毛主席，得了吧，老兄。就算這草咬了他紅色共產主義的雞巴，他也不曉得它有多好。」

我吸進灼熱的光。煙搔刮著我的肺，再化為一團灰白色煙霧，飄向藍天。不遠處有機器的嗡嗡轟隆聲，但此刻它們離我很遠。

大理是古代南詔國的首都，一二五三年忽必烈領騎兵下山攻占之前，南詔國是藏緬語族彝族建立的獨立國家。在有城牆的大理老鎮，花朵從生苔的屋瓦間生長，它是帝國的反面、鏡子的另一側——沒有天安門事件的坦克與軍靴，沒有製造成山成海的塑膠與電子商品的工廠，而是一個遙遠到不會出現在任何雷達上的偏遠角落，這座有城牆的市鎮位在破碎地帶，幾個世紀來少數民族被趕進的山脈皺摺地區。在那裡，你可以踏出地圖，進入較健全、緩慢的節奏，在世界其他地方快馬加鞭地邁向地獄的血盆大口時，跳出稅吏的監控網。

我從香港坐老火車搖搖晃晃穿過帝國的下腹部時，各車站都有標示寫著「禁止攜帶武器」，但穿著衝鋒隊軍靴在月臺上上下下的警察，卻把自動武器當魔杖般揮舞。不過，在這一千八百多公尺高的青藏高原下坡上，一切安寧祥和，在熾白陽光的抛光下，大理石老牆彷彿由裡到外散發著光芒。

我計畫沿著西藏邊緣北上，到我所能抵達的最遠、最高處，目的地是可可西里，海拔四千八百公尺以上的一片荒野極地。但待在大理幾天後，我就開始懷疑自己是否真想繼續前進了。小劉拿回他的大麻菸，咧嘴笑了笑，摩托車的廢氣散入冰涼清新的空氣中。

「別擔心，老兄，血會洗掉的。」小劉說。那隻豬寫在石板上的歷史已經在消褪。我們將這些抛在身後，走下鎮上的主要大道人民路。一輛老牽引機緩緩駛近，排出黑色廢氣，它原始到連引擎也沒加蓋——引擎只是以底盤載著齒輪、雄榫、皮帶的一把吵人的鬃毛刷。我們在它後面信步閒逛。街道與建築物的藍紋大理石已經龜裂變

第一章
大理，西藏的門戶

形，在天空張嘴灑下的陽光中半透著光。花草鑽出屋瓦縫隙。穿著亮片綠色連身衣的彝族女性坐在路邊，兜售從山村帶下來的一籃籃草莓與胡桃，操著自己的語言，把路人當奧客般斜眼瞄著我們。缺一顆門牙、身穿毛式青色夾克的一名男子抽著煙斗推車賣香蕉，頭髮染得像鞋油一般黑。前一天我才向他買了一串香蕉。此時他拿出幾根不成串的香蕉說：「送你！」小劉和我吃著蕉，經過幾個留髮辮的樂手身邊，他們穿著皮衣和飛行員墨鏡大搖大擺地走來走去。

大理是地下藝術圈想擺脫都市、擺脫一年到頭多數時候都籠罩著都市的灰煙與汙染塵垢時，離開首都的目的地。人民路從蒼山山腰開始向西延伸，下坡後越過南北向公路，穿過市鎮直抵洱海。沿路有時髦咖啡館、嬉皮酒吧、廉價小吃攤，瀰漫著一股超越時間的神話性，猶如詩人羅卡（Federico García Lorca）說他希望永恆不變的巴塞隆納蘭布拉大道。生命在這座帝國邊緣的市鎮兀自發出光輝又搖搖欲墜，還未經歷各種至死方休的改善、美化、現代化工程。

我們路過一間警察局，一名制服警官坐在那座白洗混凝土小碉堡前，啜飲著玻璃杯裡的茶。但建築物側面還有一個警察，正在監督六名男子拿鋼刷把牆上的噴漆塗鴉刷乾淨。他們衣著破爛，骨瘦如柴，腿上套著腳鐐，下巴有鬍渣。塗鴉被刷掉了一半，但仍辨認得出幾個字。「傾斜，斜角，你」。字我認得，但合起來看卻很怪，尤其是在警局牆上。

「怎麼了？你在看什麼？」小劉問。
「那些字，是誰寫的？」
「不知道，但鎮上各處不時冒出這些字。有人一直在塗，警察就一直擦。傾斜你，斜角你。你看見前面那個警察了嗎？他們都那個樣：光會坐在太陽下打盹喝茶。這裡管得不嚴，所以夜裡隨時能溜進來，在牆上塗幾個字。但一旦發現，警局就會派一隊人去清除。」
我在心裡反覆思量這幾個字。傾斜你，斜角你。他們要來傾斜你，斜角你。他們要來傾斜你，斜角你。我盯著逐漸刷掉的字，那些人還在用刷子單調重複地刷洗。我看得懂「去你的警察」或「自由西藏」這類直言不諱的反對口號，訊息簡潔不含糊。但「他們要來傾斜你、斜角你」？這是全新層次的顛覆。這條句子深奧迂迴，但有一種神祕的回響。我在心裡吟味再三。傾斜你，斜角你。削切你，把你銼成各種角度，切割你的自我感，直到能把你塞進體系的機器、槓桿與齒輪為止。
那一隊人拿鋼刷沾煤油刷牆，不久噴漆顏料就會被洗去，和殺豬流的血一起從下水道流入像液化頁岩般臥在遠方谷底的洱海。
小劉用手肘推了推我。「好了，老兄，別這樣盯著警察。會惹麻煩的。咱們到我的地方去吧。」
「那些戴腳鐐的是什麼人？看起來很可怕。」我們繼續前進時，我問道。

第一章
大理，西藏的門戶

「政治犯。他們讓這些犯人做各種下賤工作，告訴人民和國家作對會有什麼下場。通常是西藏人或維吾爾人，或是詩人。」

一名年輕女子迎面走來，和小劉打招呼。她的眼神和嘴角有種蜥蜴的味道，彷彿她隨時會扭著尾巴走開，疾吐舌頭，或隱身在樹上。她穿著不收邊的牛仔短褲、夾腳拖、青色外衫。在白色大理石與斜射的天光中，她的身材線條滑順如絲，黑髮用一根筷子束成高髻。我把塗鴉拋在腦後，咒罵自己看見尤物竟想不出任何一句讚美——但她轉頭問我：「嗨，你叫什麼名字？」啊，我忘記了跳舞可以很簡單。她名叫蘇。

她拿著《北回歸線》的中文版，手指插著某一頁，似乎是讀到一半仰頭看見我們。「書好看嗎？」我問她。

她微笑，彷彿答案再明顯不過。「他們把亨利．米勒（Henry Miller）的書都翻譯過來了，」她說，「我每本都讀。」

感謝上天，文化大革命結束，性革命開始了。

我們走上街道，前往小劉的住處，最後穿過一道手繪「咖啡館」字樣的門。門後的空間很小，擠滿了半瘸的椅子和金漆剝落的壞漆桌，破爛而散發著光輝，這裡的其他一切也無不如此。小劉的女友安站在櫃檯用電爐煮水。她的五官圓潤，像俄羅斯娃娃般一層層地重複著那種圓潤。

「你要咖啡嗎？」她問我。

「夠喝到能讓我多喘一口氣就好。」

她開心地笑出來。「水燒開了。我們有一些好豆子。一個朋友自己種的。」

「這些古董家具是哪兒來的？」我問道。

「從街上搬來的，」安說，「人們不想要這些老東西了，就直接丟出來，但我們喜歡。不然我們要上哪兒買，宜家？」她又笑了出來，倒咖啡給我時，一片陽光落在她的雙眼和嘴唇上。

這些地下青年是另類文化的一部分，他們不認同現狀，所以直接退到一邊，讓機器隆隆前進，但自己不參與其中．我有回家的感覺。他們播放民俗音樂，煮大鍋飯吃，不去擔心明天的事，彷彿未來早被權力結構與意識型態、被遠方政府建物中的老人占走，他們在歸順與效忠下變得麻木不仁，透過破裂的稜鏡看世界。

「到外頭來，老陳來了。」小劉說。我端著咖啡，一起鑽出後門到有圍牆的庭院裡。幾棵香蕉樹的葉子參差不齊地伸向空中，紅色與橘色花朵從鐵門旁流洩而下。幾名年輕男女坐在荔枝樹下的桌旁談天，一個滿頭粗毛的年輕人彈著吉他。

「嘿，這是老陳。」小劉說，「他老是跑去山上，和部落的人一起玩音樂。他錄下他們的歌曲，還帶了稀奇古怪的樂器回來。」

老陳穿著厚靴和一條滿是口袋的軍用長褲，白T恤髒兮兮的。他留著一大把鬍子，不同於往往會將臉刮得乾乾淨淨、頂多下巴留一點小鬍子的其他中國男人。他微笑著瞇起眼，儘管還沒人說什麼笑話。

「你喜歡山民的音樂嗎？」我問老陳。我曾到寮國的苗族與阿卡族地區旅行，錄下過一些音樂。我也回想起自己才離開不久的生活，我在那島上的住處有吉他與錄音機器，我會坐在屋外，在森林外圍彈吉他。入夜後，我的鄰居格雷厄姆會從路的那頭喊話，要我住嘴或過去喝杯啤酒，看他的心情如何。

「對啊，我老往山上跑。」老陳說，「每個村子都有自己的樂器和歌曲——每座山都自成一個天地。他們從來沒聽過麥可．傑克森（Michael Jackson），那是肯定的，他們也不會唱去他娘的生日快樂歌。」

他往後靠，放聲大笑，彷彿不會唱〈生日快樂歌〉是我們這輩子所能冀望的天大恩德。

彈吉他的人笑了笑，把吉他遞給我。那是一把缺了G絃的破吉他，在這個四面圍著大理石牆、有美女與香蕉花相伴的地方彈，再理想不過。我的指尖已經變軟了，早先在另一個時空結成的繭已經消失，鋼絃戳進我的皮膚。安拿出瓷瓶，將梅酒倒入茶杯。我啜了一口，那酸酸甜甜的滋味從舌頭深入心扉。老陳從掛在頸子上的刺繡套中拿出竹製口簧琴，在我彈吉他時伴奏。我仰頭望向古老磚瓦屋頂後方近四千公尺高的山巔，我們置身於從海洋到山頂的上坡處。我覺得自己像剛從果凍盒蹦出來的果凍，亮閃閃地在陽光下抖動。我哼唱自己幾年前在天安門廣場寫的一首民歌：

清晨的灰色花朵
市街輪下的灰色花朵
天上灑落的灰色花朵
盈滿我心的灰色花朵

駛來的是什麼車輛
燃用的是哪種燃料
我們挖土尋找內燃機之夢卻只發現
灰色花朵，我們被埋葬的血與骨

大道上的日子繁忙
錢幣刺手如意識形態的刀
光滑水泥輸送帶上的財富
用人類赤貧的灰色花朵澆肥
坦克機關槍鋼鐵步伐
將爆米花般的微笑打進電視螢幕
我們的孩子都到哪兒去了

第一章
大理，西藏的門戶

他們是灰色花朵，花瓣在太陽下飄落
夜晚的灰色花朵
星辰輪轉下的灰色花朵
朝天綻放的灰色花朵
唯有灰色花朵留在我心深處

「那是什麼歌？」我唱完後，蘇問道。

「不久前我在首都寫的東西。」

「是關於什麼？」她問，「我不懂英文。」

「這個嘛，大概是關於土裡的骨骸在陽光下重生吧。」我不知道從何說起。

某個秋日，我帶著吉他到天安門廣場。站在水泥地上，我想起自己看過一九八九年六月四日的示威活動後坦克過街的影像。天安門事件過去的十五年後，我一彈吉他，這首歌就自然傾瀉而出，彷彿伍迪．蓋瑟瑞（Woody Guthrie）的幽魂在我耳邊低語。幾排解放軍從我身邊行軍而過，他們身穿筆挺漿過的制服，以同一個角度將突擊步槍拿在臀部處，動作機械而精準，所有關節同步運作。但在周圍遊蕩的當地人卻看似愁苦萎靡，彷彿體內被換成了一把老稻草。一對便衣警察停步，問我在做什麼。

「彈彈吉他而已。」我說。只是想把木樁打進吸血鬼的心臟。我猜自己看起來蠻無害的，至少比逮捕一個美國人引起的紛擾無害，所以他們不再煩我。幾個月後我在美國，置身於川流不息的戰爭新聞中，〈灰色花朵〉這首詩的貼切，似乎也不亞於它對天安門這個大鎮壓舞臺的扣合。

老陳拍拍手說：「這樣吧，老兄，咱們今晚一起玩音樂。我們可以在阿連的酒吧太陽島碰面。就在人民街上。你不忙吧？」

「我這輩子剩下的時間都有空，老兄。」

「我們找一些朋友來，喝幾杯啤酒，一起玩音樂。我會帶個吹奏樂器來。」

「你是說口琴嗎？」

「不，是山民用竹子和蜂蠟作成的樂器、他們稱作寮笙。來吧，我們來看看能否喚醒幾顆頑石。」

陽光、高山、酒讓我整個人紅通通的，交了新朋友又記起往事也有關係。我一口乾了酒，接著說這主意不錯。但有些頑石還是讓它繼續沉睡的好。

＊＊＊

在我三十五歲左右的這個人生階段，我已斷斷續續在中國與臺灣住過十幾年，過

第一章

大理，西藏的門戶

去三年則在蝦尾，香港灣上的一座小島，位在商港與大海之間的公定航道上。我在亞熱帶森林邊緣的漁村上方，便宜租了一個小屋自由接案，為請不起人作原創音樂的地下電影作配樂。這份工作是我在臺北的那一小段音樂生涯牽的線，最後我搬到蝦尾，蓋了一間有錄音機器和幾支麥克風的簡便錄音室。在玩吉他、把啤酒罐當樂器敲打、操弄磁帶處理蟲鳴、將穿過曬衣繩的風聲作成駐波，還有在小屋捕捉的任何聲音之間，我試著製作適合獨立電影類型的音樂，讓導演願意繼續將微薄的配樂預算撥給我。

這段島嶼生活比我所知的其他一切都合理——生活變得極簡，口袋裡除了棉屑什麼也沒有，但比起為配合工業文明的齒輪而戰戰兢兢地搶時間，我有更多空間、時間、創作自由與寧靜。但三年後，我的音樂來到高原期，變得幾乎一成不變，不再有更多挑戰或賭注。我不再能透過吉他的空心感覺到聲音的美妙鳴響，在時間、永恆、我自身的骨血之間，凝聚成某種超凡絕倫的連結。

在這同時，島上的事物也變了。我居住在合法的灰色地帶，以一再延期的觀光簽證待在香港，但有一天，一位移民署官員打電話來說，如果我想繼續待在這片土地上，就必須申請官方居留許可。當時除非你有公司資助的正式工作，否則幾乎申請不了居留簽證，而這和我在蝦尾的整個精神背道而馳。約在此時，漁村旁的海邊開始興建大型度假村。為我的錄音增添個性與率性的那種森林環境音，被隆隆的引擎聲、倒車的警示嗶嗶聲取代。錄音幾乎成了天方夜譚，因為我的小屋無法隔音——我從沒想過將作音樂的過程與自然界的聲響隔開。一晚，一隻瀕危粉紅海豚的屍體，連同根本還未出生的海豚寶寶，從香港灣被沖上海灘後，我決定結束半年來的猶豫，做出改變。喀地一聲，我體內的某個部分鬆動了，我決定離開。

島嶼的性質孤立，目光向內，自我參照，邊界將土地與海洋截然二分。要離開一座島，你必須乘船、搭飛機或游泳，沒有可以走的陸路，沒有更遠的天地可以探索。在熱帶地區，光與空間是壓縮、交織成網狀的，充滿了附生植物、寄生生物、捲生的藤蔓與樹葉。準備離島之際，我心中懷著渴望，希望能看見一大片的光與岩石、未經開發的山水風景、偏離任何中心的道路。

在蝦尾時，我最近的鄰居是格雷厄姆．羅斯（Graham Ross），一位英國攝影師，他在自己的小屋浴室搭建了暗房。我們兩家相距四百公尺。他的屋裡四處交錯著晾在繩子上的相片，像黑白色的經幡。他的生活也面臨轉折點。多年的自由接案工作後，他接受了一份在商業媒體公司的正式工作，即將離開島嶼，搬進香港市中心一個鞋盒般的公寓。我告訴他自己要去旅行一陣子時，他給了我一張地圖，從大理向北沿西藏邊緣畫一條線，直抵可可西里，一個海拔五千一百八十公尺的藏羚保護區，他最近才為一個案子去那裡拍過照。

「跟著嗅覺走，你就會到達那裡了，」他告訴我，「你就一直往上走，走到眼前

第一章

大理，西藏的門戶

只剩光和天空為止。他們說那是帝國最後一片未經開發的荒野。你能想像嗎？那是地球上最遼闊、地勢最高的高原。」

「我還以為西藏就是世上最大、最高的高原。」

「那是一座高原上的高原，夥伴——至高至遠之地。它是長江的源頭。就連那裡的一顆沙塵，聞起來也有涅槃的味道。如果你繼續走，從另一面下來，就會碰到絲路，一路延伸到中亞邊界，但到那時，你已經來到帝國盡頭了。」

可可西里是西藏地名「Hohoxili」的中文音譯，在這近四百萬公頃的平原上，處處交錯著山脈，藏羚在生產季節會來到此地。它的面積與荷蘭相近，但仍在塵世的框架之外，不過二〇一七年被列入聯合國世界遺產之後，已經有人把目光投到這裡來了。可可西里還未被鋪天蓋地的思樂冰吸管淹沒，那些吸管吸走了地球所有的可得資源，彷彿銳意要將生命條件逐入外太空。

我辦了簽證，賣掉或送走我的吉他與音樂設備，用一只軍用背包打包，準備上路。

一週後，我到香港本島的金融區中環拿簽證。格雷厄姆堅持要送行，我們在靠近渡輪碼頭的一棟破大樓中的印度快餐店碰面。店主來自加爾各答，禿頭矮胖，有一對大耳垂，穿著印有約翰·屈伏塔（John Travolta）舞姿的T恤。滔油油亮亮的咖哩到我們的金屬盤時，他抬頭看著我說：「抱歉，先生，但你高成這樣……像個巨人一樣，金髮巨人。你在自己的國家……算正常嗎？」

「不，夥伴，」格雷厄姆說，「這傢伙一點也不正常，到哪裡都一樣。」

「謝謝你投我的票啊，」我們拿著盤子坐下時，我說，「你的上班生涯到目前為止如何？」

「啊，我會適應的，」他說，「整個企業不過是一間大妓院。我只要切記不要和顧客太親密就好。」格雷厄姆從相機袋拿出一個盒子，遞給我一只俗氣的假勞力士錶，有廉價的鍍金，錶面鑲著假寶石。「祝你旅途平安，」他說，「別做任何我不會做的事。」

「那限制應該不多。」我說，一面將那東西繫上手腕。

格雷厄姆站在碼頭，望著我登船橫渡海灣到大陸，進入帝國的大門。深棕色的魚鷹在天空盤旋，船在引擎轆轆聲中駛遠。中環區愈退愈遠，它的金融大廈背後，山巒從城市天際線的裂縫中隱現。我突然不明白自己要去哪裡，原因何在，但我所熟悉的生活已經消逝，海灣的綠水在船尾畫出V字後湧回原處。

＊＊＊

太陽島位在一棟有登記的木石建築裡，以蠟染與紮染裝飾內部，天花板垂下搖晃的藍綠燈管。幾把吉他靠在角落，像一群落魄的朋友。辮子頭潮客四處坐著，叮叮噹噹碰著酒瓶。幾個人帶了食物來，擺在桌上和大家分享。阿連是個沉著的青年，長髮以變形蟲圖案方巾綁在腦後。他將一把大貝斯吉他接上擴音器，轉圓鈕時擴音器劈啪作響。老陳起身站上舞臺，在麥克風前吹奏樂器，發出奇異的多音長嚎。寮笙是一頂從他雙手間升起的竹管冠冕。

我人到時蘇已經在那裡了。她的身體有一種流暢的彎曲流線，像是以暖蠟模造而成。她的眼睛充滿感情地瞇起來，彷彿我們前世便已相識。「我想你可能會喜歡，」她說著遞給我一袋當地咖啡。我把它扔進背包。我們手牽著手，隨著音樂搖擺，在彼此的頸項間呼吸。

老陳揮手要我上臺。「你想演奏什麼？」他問。

「我不知道，隨便，都好。」我拿起牆邊的吉他接上電，笨手笨腳、吱吱嘎嘎地開始合奏。我已經準備好脫掉衣服、扒下皮膚，回到肉與神經，變成一具裸身的感官動物。我轉了轉擴音器，讓反饋的聲音像警報般忽大忽小。更多人來了，屋裡變得又擠又熱。有人坐在舞臺邊打手鼓。兩個穿丹寧裙的女子貼著身體跳舞，空間中充滿著費洛蒙與汗水。那是節奏與酒的混合，欲望的黏膠。

「唱點什麼吧！」老陳穿過一團混亂吆喝。

我擠壓吉他，閉上眼睛。音樂像一首風琴歌曲般揚起。我試著回想可以彈哪首民歌、哪首情歌，哪首快樂的吉格舞曲，但只能想到警局牆上的塗鴉字句。我開始吟唱，綴入浮上腦海的任何字句：

他們要來傾斜你、斜角你
他們要來傾斜你，斜角你
將你化成可用介面，他們要傾斜你，斜角你
將你同化為機器，他們要傾斜你，斜角你
直到你看著自己的臉也找不到自己
他們要來傾斜你，斜角你
他們要拿扁斧與刨子塑造你
他們要削裁你
把你當泥土鑄造成他們的樣子
他們要傾斜你，斜角你
直到你開始認為事情不對勁
他們要來傾斜你，斜角你

我睜開眼睛四處張望。燈光像繩球般晃出大大的弧形，藍色與綠色在牆上盤旋。

有人把椅子踢倒，酒瓶掉在地上。小劉拿一瓶啤酒給我，我在寮笙長嚎的圍繞下咕嘟咕嘟喝下，節奏一波波湧來。蘇拿披巾圍住頭。我跳下舞臺時，她打開披巾將我們兩人裹起來。「你是個彩色氣球。」我說。

「我還以為你在臺上要昏倒了。」她說，「你看起來像耶穌基督，試著切開上帝的腹部爬進去。」

她傾身摩挲著我的鎖骨。她什麼也不在乎，我也一樣。但老陳喚我回到臺上演奏。

我跳上舞臺抓起吉他。寮笙的聲音升起，充滿了整個空間，但接著一切就變了，就像唱片跳針。警車在屋外停下，紅光突地射進屋內，擴音器扭曲的聲音大響。穿著制服的人破門而入，塑膠玻璃面罩的反光隱藏了他們的五官。眾人無處可逃，警察堵住門後也不知如何是好：是要射殺還是逮捕每個人，還是讓他們逃走算了。一把吉他砰的一聲掉落，有人打破窗戶。綠色與藍色燈管轉著愈來愈大的圈。兩波人群彼此推擠，警方往裡擠，反文化青年則想逃出去。警車的擴音器大喊著命令，在電力下聽起來不似人類語言，從街的那頭也傳來其他聲音，有人以誇張的顫音高唱卡拉ＯＫ，收舊貨的也放出錄音助陣，在夜裡推車喊著收破銅爛鐵。

蘇站在警察與群眾之間。一個軍人抓住她的手臂，她的筷子鬆了，頭髮如糾結的瀑布流洩。我試著推開人群到她身邊，但有人從反方向拉住我。是老陳，他喊著我聽不懂的話。紅光橫掃屋內，紅色混進了藍與綠色，變成了七彩萬花筒。警察不知何故打開閃光燈，製造出一種古怪的定格效果，彷彿時間被切成了細片。屋外站著一隊警察，每人手裡都拿著撞門槌。顯然有人以為我們會像反叛軍般把門堵起來，或者也許他們只是想練習使用這工具。那閃亮的上漆圓柱上寫著英文：「Blackhawk Twin Turbo Battering Ram, Dynamic Entry（黑鷹雙渦輪撞門槌，動力突入）」。一切都卡在汗水與困惑中，沒人清楚自己的角色或功能。

門邊的保險絲盒爆出火花，屋裡的燈光熄滅，只剩下紅光與閃光燈，一切看似正以慢動作流血至死。擴音器發出機器人的聲音，在那底下，有水流過鎮上石街渠道的聲音，這座靜靜佇立了數個世紀的城鎮正緩慢地衰老，但如今又隨著其他一切開始旋轉、破裂。

*方尖碑

單色的虹，電源線。玻璃鋼骨大樓。一片混凝土大陸隆起，伸向空中。網格，直邊，圓型或金字塔型。權力的陡落。露天開礦與脫衣舞的力量，一支遺忘之舞。

地景如融化的玻璃橫流，黏稠的捲曲與隆起。大地以圓潤與豐饒循環，形讓位給形，一連串到來的連鎖反應。這片土地一度是海底，鹽浪與藍潮洗盡一切。

方尖碑從土壤，從森林與河流中築起。青銅劃記，礦石模造，電力網的總和。一滴機油吹過金屬管。色彩融進銀鋼、陽極氧化鋁版、反射玻璃，潮溼爬蟲的皮膚。

方尖碑不落葉，遇熱不流汗，遇冷不顫抖。方尖碑是永恆的真理，永遠的正道。指月但遺忘了月亮，只記著手指。瞄準的手指，砰砰。摸索的手指，豎起說「我們是第一名」的手指。有人永遠是第一名，方尖碑可以換手、換邊，但心不變。

生活很艱難，但方尖碑更堅硬，剛健不朽。印上戳記、品牌、商標風格。必須向它盡忠，始終奮力追求更遠、更高的巔峰。

當你站在方尖碑下，請從那片焦灼的土地望向巔峰在飄雲中拔地參天。若你看不見巔峰，也別擔心。它始終在那裡，只要明白沒有什麼高過方尖碑，便已足矣。

2

前往中甸之路

我站在黃昏的雨裡，一個女人在水溝洗菜，我一腳踏進她身旁的一坨馬糞。我低頭看著那支假勞力士錶，沉重得像手腕上的一顆災星，但錶面上沒有亮度。前往中甸的小公車停下，我揹上背包跨大步上車。這是一臺中型大小的柴油車，一輛有十六或十八個座位的金屬小豬，一路噴氣抖動，往北走二線道公路。我坐在農民當中，他們生繭的手在膝間晃盪，如石頭般龜裂，青筋突起，他們穿外套，戴毛裝帽，身上瀰漫著和我一樣的糞味，彷彿我們是一隊被派去清理馬廄的工人。

每個人都堅忍不拔地看著窗外的雨和鉛灰的暮色。我隔壁的男子用撕成長條的玉米皮捲菸草，往地上啐了一口痰。座椅的金屬框已經彎到塑膠椅墊底下，彷彿有哪個鐵匠發起酒瘋把它敲彎。外面有農人推著腳踏車，在雨中前往市場，綁在車架上的竹簍載著多把青菜或活牲口。

踏出新聞的播送網讓人鬆了一口氣。不僅是地球日益變熱，海洋日益變暖，幾乎要把海裡的魚全煮熟，每個好人也幾乎都在死去。那讓我幾乎自覺像是個仍在呼吸與流汗的廢人，切斷了聯繫，離鄉背井走上大路。

在穿著灰褐色棉外套的乘客當中，有一名穿著亮眼的尼龍夾克與粉紅色運動鞋的女子。她告訴我她來自廣州，接著她隔著走道靠過來問我：「你單身嗎？」

「嗯，目前是的。」

「我妹妹住在佛州那不勒斯。她嫁給一個銀行經理。」

「好地方……可以打高爾夫球。」

「你去過那不勒斯動物園嗎？」

「還沒去過。」

「那裡有四百隻短吻鱷。」

「妳看過？」

「他們餵鱷魚生牛肉吃。」

＊＊＊

前一晚，老陳和我跳出太陽島的側窗，跑進迂迴交錯的巷弄，靴子在身後的大理石街上喀噠作響。鋪路石的裂痕，建物的裂痕。裊裊煤煙飄到屋瓦上，融入夜色，窗裡亮著紅燈。我們經過一名老人身邊，他正以兩絃二胡彈著不成調的旋律，聽起來像處女為保護貞操而跳崖。我們跑過他身邊時，絃音粗嘎，警察的擴音器在我們身後某處大響。

聲響遠去，擺脫了警察後，我們停下來歇一會兒。前方的街道有名男子站著抽菸，從他嘴邊來去的橘色火光，在夜裡化成一道光弧。

「剛才是發生了什麼事？」我問老陳。

「情勢不同了。他們不希望事情太過分。」

「什麼過分？哪裡過分？不過是一群年輕人聚在一起玩音樂罷了。」

「你也知道年輕人嘗試改變事態的時候，會發生什麼事。掌控會因此鬆動。警察比任何人都了解這點。」

「那他們用那種方式闖進那裡搜查，自己要怎麼解釋？連軍隊都帶來了。」

「他們會提出一些數據，說那裡音樂的音量超過了法定限度，或聲稱有人投訴……只要有藉口，而且是無法反證的藉口，他們就能為自己辯護。」

我們繼續在大街小巷穿梭，走上老鎮的坡面。

「聽著，老兄，」老陳說，「你知道自己不該久留吧？」

「什麼意思？」

「他們來的時候拿了錄影機拍攝，你沒看見嗎？你覺得他們看了錄像後會幹什麼？在新年聚會上放來娛樂嗎？」

「但他們能拿來做什麼？得了吧，不會因為這樣就把我們關起來的。」

「你不知道他們會幹什麼事……他們要你走，你就得走，不管是哪條路。我想反正你是要繼續往北旅行的。」

「狗屎，誰知道呢？這不過是跳房子遊戲，老兄：看事情落在哪裡，從一格跳到另一格。我才開始考慮要在這兒住一陣子，享受這裡的恬靜呢。」

老陳把頭往後一仰粗聲大笑，但充滿善意，彷彿是忌妒我的天真。「你可是身在鯊魚窩啊，老兄，如果你覺得恬靜，那不過是因為你陷得還不夠深，或是他們還沒嗅出你來。」

「假使他們真的想從錄像中追蹤我的去向，那就算我上路了，要逮到我也不難。」

「別擔心，警察只執行最低限度的命令。一旦你到了他們的轄區外，他們就不甩你了。他們人生中只求不惹麻煩。」

「那你呢？錄像一定也拍到你了。」

「我早就在他們的雷達範圍中了。他們隨時都會來把我帶走。別擔心，他們逮捕不了整個國家的，而且也還沒開始對我們開槍呢。」

我們站在叉路，一座石橋彎過一道從山上流下的水流，兩端各有雕龍柱頭。山谷從遠處看大半呈黑色，僅有幾個零星村屋的燈光在湖四周閃爍，但像監工般立在山脊頂的風車轉動著、旋繞著，在星空下形成剪影。

老陳又洪亮地大笑起來，但究竟是因為沮喪、無奈、憤怒，還是純粹開心自己沒有被晚上的事擊倒，我無從分辨。

「反正奴隸主人只能騎他奴役的馬。如果你有自由的機會，就好好抓牢這個機會吧。」

＊＊＊

公車悶聲前進，雨落在田裡，黃色向日葵在枯萎的玉米莖中低垂著頭。站在小貨車後方兜售塑膠用品的小販，用手拍打身體取暖。路往上蜿蜒到谷壁，進入一團黑色烏雲中。綠色的河水推動著石礫，滾滾穿越一片粉紅色的森林。一名著青衫的彝族女子進了公車。她戴著長六百公分的扁平方巾，黑絲絨上有紅、綠、金色繡邊，圖案看起來像某種幾何形的風水蝙蝠，隨時會起身飛走。她帶著一籠雞，司機吊起籠子甩上公車頂。

司機重新發動引擎，準備出發。但上路前，一輛警車斜斜地開過來，擋在我們面前。一個穿迷彩裝的軍人沿著走道過來，檢查每個人的身分。他示意我下車，要我拿出護照，然後拍了我的一張相片。我站在那裡，等著他們把我推進警車，但顯然資訊系統還不完備。警察要我回車上，公車再度發動。

我們抵達山谷頂端，穿出雲層，來到一片開闊、綿延的平原，灑滿了銀色與古銅色的斜射天光，岩石與山脊兀自竄高。這是青藏高原的起點。道路穿過亞麻色與金黃色的大麥田。松樹讓遠方隆起的山脊變得陰暗，野花密布一地——豔黃與火紅，冷冽的薰衣草與粉蝶花沿著河岸與灌溉渠生長。

我們在一排麵店前停下吃午餐。戴著褪色毛裝帽、披著野生動物皮的一群無牙婦女，坐在東道邊編草繩，兜售著竹籃裡的桃、李與胡桃，籃裡雜亂襯著已經脫籽的大麻。所有乘客都下了車，我們僵硬地站著伸懶腰。穿閃亮連身衣的女子朝土裡吐痰，把手打平做深蹲，然後看著我說：「你多高啊？」因為我鶴立雞群，顯得格格不入。

「大概六呎半。」我說。

「我妹婿沒那麼高。你這身高在美國算正常嗎？」

我正要張口回答，但高緯度的光與空氣卻反而讓我爆出笑意，我想起在香港時，那間餐廳的孟加拉老闆也問過我同樣的話。正常是警察撞壞阿連住處的門，正常是令人嫌惡的度假村，像紀念碑般立在我前一個島嶼住家的附近，而且還獲得當地與國家當局的所有法規許可。正常是粉紅海豚膨脹的屍體被沖上沙灘，變成了玉米鬚的顏色，正常是蘇被警察扯著頭髮拖走時發出的尖叫。

「不，我……不正常，在美國也一樣。」我說。但我心裡想的其實是，正常是像被路殺般死死躺在人行道上。正常是讓車輪輾過你，直到你變成人行道上的一塊斑。

第二章

前往中甸之路

正常是用框框條條箝制思想。去他的正常。

「我希望能嫁給美國人，那我就能拿美國簽證了。」

這是我這趟旅途中第一次遇見有人如此渴望前往美國，來到那金色海岸，構築奢侈、安逸、幸福的美國夢。她是我聽到的第一個懇求他人協助她獲得自由、利益、財富的人，但絕非最後一個。美國有機會與民主的幻夢無所不在，就像它已經摻入了這個世界的飲用水，或是已經滲入了雲裡再從天上落下，像雨一樣下下停停。但從某方面來說，它誰的渴也沒解。

我們上車，繼續前行。我想到蘇和她身體溫暖的曲線與流線，我們之間的緣分似是註定，卻在開始前就中止了。也許有一天我會回去重續前緣。但這片地景本身就是一具性感的身體，沿著路走得更高更遠，是一種愛的行為。那是一片夾雜著金白、赤褐與黃褐的景觀，一片熟大麥之海，帶有幾絲萊姆綠色。長著大彎角的犛牛，像動過腦葉切除手術的拳擊手般站在田裡，彷彿能等到天長地久，等到事情發生或不發生。牠們的毛脫落得一塊一塊的，但腹部與尾巴仍像粗毛毯般濃密，一種牛類模式的脫毛。

我們經過立在田裡的木架，手斧劈成如廣告牌大小的木塊疊成格子狀。一對農人正把一堆堆草叉到橫木另一頭——那是乾草堆，和曬乾成冬天飼料的大麥糠交錯擺成棋盤狀。雪峰如冰凍的白色海面從西方濺起。西藏房舍散布在地景各處，在那梯形的土牆堡壘四周，堆滿了如壘牆般的大量木柴，四側各有一兩個小窗子，窗臺與窗框都漆成赭色、珊瑚紅色、森林綠色、鈷藍色。

看看地圖，我們連半吋也走不到，似乎進展不多，卻走了一整天，在單調前進的公車中，唯一的旅伴是如不懷好意的女按摩師般硬戳進你身體的座椅，地上的塵土與痰、從關不牢的窗縫竄入的冷空氣。公車時速三十公里左右，似乎永遠不加速，永遠不前進。一個鐘頭接著一個鐘頭，我們一成不變地緩慢前進，慢到就像從拱廊看著風景在銀幕上轉動。傍晚我們終於接近了中甸——高塔與街道在那片土地的胸腿之間交錯成一片網格，半建成的大道向鄉間延伸。坐了七小時的公車後，我的腳開始在靴子裡發癢，腦袋在升高九百多公尺後，感覺像充得太滿的氣球。

我們停進公車站，一棟有泥巴痕穿過的磚瓦建築。每個人都蹣跚地走下公車，彷彿我們才剛接受盤查。當地乘客拖著一捆捆麻袋走下街道。從廣州來的女子臉上有靠在窗臺邊睡醒後留下的痕跡。她還在半夢半醒地眨眼睛，像被重新折好的折紙。一名男子開著側面印有「香格里拉冒險之旅」等字的高爾夫球車過來，一面三角形的粉色旗子在桿上飄。他將她的行李拿上車，她人也坐進車裡。她的眼神仍泛著疲倦，車子開走時她忘了揮手道別。舊車票在街上飄啊飄，破紙上印著目的地。我抓起背包步出車外，走進青藏高原稀薄的空氣中，嘴裡吐出的白霧像裹屍布般尾隨著我。

3

真正的香格里拉

我住進公車站旁一間盒子般的混凝土旅館，蓋了三條毯子，整晚仍抖個不停。清晨，我泡蘇給我的咖啡喝，由於水不夠熱，煮得不好，所以淡而無味，然後我外出走上中甸的街道。軍用卡車隆隆駛過，像追蹤獵物的石油獵犬。路面是以土石打造，粗糙而凹凸不平，像某種邪惡的情趣玩具。建到一半的玻璃鋼骨大樓高聳入雲，刻有政府行政機關的紋飾與印記。

一名穿金色上衣的年輕西藏女子騎馬走下街道。她挺直身子，抬高下巴，臉頰紅通通的，帶著微笑，彷彿她是世界的中心，儘管比起大樓來她渺小無比。再向前走，我看見屋頂沙袋的後方有戴著鏡面墨鏡的狙擊兵。銀手環在女子手腕上叮噹作響，髮辮裡編有綠松石。她的馬疾步上前，跨過一座軍事地堡前的土石堆——地堡是一種抗暴策略，如此暴動的群眾才不會跑得太快。

我跟著她走下街道，繞過碎石堆。我們接近老鎮上木材老舊變黑的建築時，她向狙擊手與路邊地堡的軍人拋飛吻。在軍用卡車之外，街上有一半是牛車、摩托車、穿著毛邊長袍的行人、前往中央寺廟的香客、幾個喃喃唸佛並搖鈴要求施捨的乞丐。女子在叉路邊拉韁繩，馬直立起來，在她身下轉了個圈，然後疾步朝城鎮外圍及開闊的遠方地平線走去。我則朝另一個方向走，到市場與寺廟廣場匯集的鎮中心。

中甸是位在荒野邊緣的行政前哨，是青藏高原大張的裂口與帝國權威當局之間的介面。從這裡向北與西方一千六百多公里內空無一物，只有逐漸攀高的地勢，大地愈是將脊骨向天空抬高，人類文化就愈質樸純淨。中甸是西藏地名「Gyalthang」的音譯，但當地政府取得了地區商標，稱之為香格里拉。

這地方可能是詹姆斯．希爾頓（James Hilton）的小說《消失的地平線》（*Lost Horizon*）中原本香格里拉的靈感來源。若是如此，那座神祕的天堂谷就位在西邊梅里雪山的卡瓦格博峰底部，那座冰雪覆蓋的金字塔海拔六千七百公尺。其他靈感則可能來自更遙遠的西部，十九世紀曾有一位法國神父，在山另一面的湄公河上游河谷興建天主教教堂。今日的西藏人家，仍會從一百年前神父種植的葡萄樹摘葡萄釀酒。葡萄園位在湄公河上游的河谷壁邊，河水從青藏高原悠長地流下東南亞平原，挾帶著谷壁的落石與塵土，轉為古銅與黃銅色，最後流入南海。

政府辦公大樓呈鏡面格狀，像曳光彈般將我的目光引向天際。它們吸收並集中了這片地景的光，一切都充溢著光，即使是城鎮邊緣外的大麥田，似乎也是光從土裡升起，形成其金色種籽與莖葉，地面的光連著天上的光。大樓仍有一些部分在興建，圍有鷹架，顯露出桁樑結構。我必須九十度仰頭，才讀得到以正體字寫在大樓正面高處的名稱，彷彿它們不是要向地面上的人宣告身分，而是要向遠方的山脈與地平線宣告，它們是西藏的「地區財務部」、「少數民族教化部」、「採礦部」、「仁愛部」——每棟建築物都是一座閃閃發亮的方尖碑，一隻天網般鋪天蓋地、無孔不入、周遊轉動的法眼，一座監視的圓型監獄。

風如棍棒般擊打著我，陽光閃耀得令我盲目。幾輛出租計程車漫無目的地在四周行駛。沿街的肉店將巨大的犛牛肉塊掛在鋼勾上，有寬大彎角的犛牛頭骨立在一間餐廳門口。一個身上有刺青、油膩膩的乞丐從路中央走來，年約十六歲。儘管天冷，但他穿著無袖上衣，皮膚因髒汙而幾乎呈黑色。男孩臉上有痂；他半饑半瘋，在胡言亂語中夾雜著六字真言，一面喋喋不休，一面飢腸轆轆地盯著掛在鋼勾上賣的犛牛與羊腹肉，彎曲的肋骨像肉簾下的一列扳機。

他看見我時大喊：「喔不要，喔不要！」他瞇眼用手指著我，接著轉身，手指向上、向上再向上，指著巍峨的大樓寫著「衛生健康部」的書法招牌，大樓的千片鏡面玻璃反射著陽光。他蹣跚走下街道，嘴裡喊著：「塔樓高高蓋進天空……唵嘛呢叭咪吽……他們不是最早來的人，但塔樓告訴你，你也不再是最早來的人。他們收走了土地，以塔樓宣告所有權，宣告他們擁有這片土地……唵嘛呢叭咪吽……」

一群穿著絲邊天藍色上衣、皺紋滿面的西藏婦女緩緩走來，背上的竹籃裝著球狀蘿蔔和馬鈴薯，額頭繫著頭帶。她們向我叫喚，邊笑邊指著我，彷彿我是一個繪面小丑，但我心情愉快，只跟著她們笑。我以中文向她們打招呼時，她們笑得反而更大聲，並合掌表示祝禱與歡迎。扎西德勒（譯註：祝你好運的意思，為西藏問候語）。

沿途的市場攤子以擴音器高聲叫賣，電視上大聲播著哭哭啼啼、連聲詛咒的港劇。卡拉ＯＫ店的廣告旗幟上，印有把球狀麥克風湊到嘴邊的女娃兒，理髮師在巷子裡剪頭髮，牆上掛著鏡子碎片，店鋪賣的東西應有盡有，供應你在青藏高原的住家所需的一切：桶裝堅果與鐵鏽多到能熬湯的門閂、鋼網與電線、印有西里爾文的機器皮帶、鏈輪、解放軍膠底帆布靴、給馬匹大小的藏獒用的狗項圈、印有微笑犛牛商標的軍事等級切肉刀、斜靠側放的犁，地上的一袋袋過篩水泥灰粉，此外還有牛仔帽、架上覆了一層灰的太陽眼鏡。

我停下來買了一頂牛仔帽。我需要它保護我，抵擋如鐵鎚和刀刃般重擊著我的銳利陽光。這裡人人都戴牛仔帽，並以銀飾、綠松石、紅珊瑚、彩色流蘇裝飾。風格多少是西藏人的基本要件，彷彿如此才能從這片赤裸裸的蠻荒風景中脫穎而出，形成較明顯的反襯，在這裡，你的骨骸貼近大地的骨骸。我選了一頂底部帶一條生皮繩的巧克力色帽子。店主不願講價，只露出金牙微笑，我討價還價時，他的金牙像使出空手道的手刃般閃爍。「如果你想買便宜一點的帽子，可以到低地的店鋪買工廠製造的帽子。這頂帽子是在鎮上這裡做的。」顯然風格是有代價的。我依他說的價錢付帳，頭上的帽子有如一朵移動式雨雲，為我遮擋陽光。

廟前廣場上，幾百名西藏人正朝著舍利塔跪拜，那座金色圓頂聖堂從四壁中升起。人群中也有幾排行軍穿越廣場的解放軍，他們戴著灰頭盔，一臉漠然，長褲褲腳塞進高及腿肚的靴子，身側佩著突擊步槍。附近建築物的屋頂上也有拿著機關槍的軍人，槍口搖來晃去，彷彿在偵測是否有任何異議或不滿的跡象。我買了入場票後排隊進佛塔。大門上方的招牌寫著「禁止攜帶武器」。我前面的當地人在皮帶上繫了把小刀。他通過金屬探測門時，警報大響，兩名安檢警察把他的雙腿踢開，押他伏在桌上。他們拿著警棍站在他身後。

他一直想起身解釋，但只要他從桌子抬起手，他們就把他推倒。他們拿警棍探索他的長袍下是否有武器，一路探測到腿部、鼠蹊部，然後伸手到褲子口袋裡摸索。「別再摸我老二了！」他叫道。他們從後方壓制了他。我看不出警棍的用途何在，上面的刀刃還不如一把水手刀嚇人。汗水與眼淚爬滿了男子的臉。他告訴他們，他是個牧羊人，刀子是在牧場用的。但他們仍割下繫繩，沒收了那把有銀製刀柄，以綠松石裝飾刀鞘的刀子，留下皮帶上那條割斷的繫繩後，才放他通過。

「禁止攜帶武器」，公車站、博物館、寺廟裡都這麼公告。當然，當然，警察除外。帶著槍枝和手榴彈、身穿盔甲和防暴頭盔的警察，看來像隨時準備開戰。他們會不厭其煩地告訴你，他們是在保護你的安全與平安，但你得要有堅定不移的信念，才能相信他們是為人民服務，而不僅是在大公司和銀行把土地當一地珠寶捲走時，蒙蔽我們的雙眼。

事實上，金屬探測門時常大響，因為他們並未要求每個人把硬幣或金屬物品從口袋中掏出來。但這成了他們隨心所欲搜索或騷擾任何人的藉口。我穿過探測門時，他們檢查了我的鋼筆，此外什麼也沒說，連我袋子裡的北極藍防彈墨水瓶也不屑一顧。他們把筆交還給我，然後要求看我的護照。

「為什麼需要看護照才能進佛寺？」

「標準執行程序，安全起見。」

「要防範什麼？」

「恐怖分子。」

「什麼？你是指為了自身的經濟與政治目的，而去殺害、砲轟、驅離市民的組織體嗎？」

「你打算在這裡待多久？」

「你是指在佛寺還是中甸？」

「你不能用那個名字。觀光發展部已經把這座鎮的名字改成香格里拉了。你必須用它的正式名稱來稱呼，不這麼做就是違反國家語言法規，要受罰的。」

「但那不是真正的地名。香格里拉是一部英國小說的幻想之地，並不存在。」

傻子才會這樣抗議。他們把小說扭曲成現實，或把現實扭曲成了小說，或兩者皆是。他們並不費心回答，只叫我站著別動，一如既往地拍了我的正面和側面大頭照，彷彿我的罪早已預先決定，只待時機一對，他們就會提出罪名。

安檢人員揮手要我通過。但我步入的不是佛寺，而是一間獻給西藏「解放」的軍事博物館。他們在佛寺周圍興建了這座像撐架般的博物館，把它完全包圍起來。立體透視模型呈現著無垠的雪地，你可以站在軍隊跋涉荒野的挖空圖像紙板後擺姿勢拍照。發光地圖顯示著通往勝利之路。玻璃箱中盛著灰泥、火箭砲、手榴彈、彈鏈、刺刀、古代步槍，彷彿聖髑一般。你必須從入口處循路線周遊一圈博物館，才能進入寺廟——就像你要參觀傷膝河，得先經過一座稱頌美國騎兵的紀念碑。

一名頭髮花白的僧侶坐在區分軍事博物館與佛寺的那條區隔線的地上，他的身體被一切為二，介於威權與宗教的相反力量之間，兩者各有其專制之處。看見他令我想起喇嘛為保護土地與人民而朝解放軍開槍的相片，他們拿著一戰時期的步槍，紅袍在雪中留下點點紅跡。他骨架大，削瘦有肉，但也有不少歲月磋磨的痕跡。臉上的皮膚坑坑疤疤，彷彿有人肢解過他，再馬馬虎虎地縫合起來。

一九六二年，西藏地位第二高的第十世班禪喇嘛寫下《七萬言書》，書中談到在當時西藏中部的兩千五百座寺院中，僅餘七十座還在運作。國際法律家委員會（International Commission of Jurists）一九六〇年報告的結語是，初步證據顯示西藏發生了種族屠殺。但儘管歷經數十年的宗教迫害與人權侵犯，還有歲月在臉上留下的疤痕，那名僧侶似乎仍一派祥和而入世，沒有任何積怨或恨意。

他看著我進佛寺，拿著木柄轉動黃銅製的轉經筒筒身，筒身上印有數千次六字真言，在每場革命中連綿不斷地向世人重複那段和平的咒語。

我停步半晌，他以英語說：「你看過政府辦公大樓了嗎？」

「在鎮上四處林立的摩天大樓嗎？當然了，怎麼可能錯過。」

「那就是這地方的歷史。那是真正的軍事博物館。」他半閉著眼，將注意力轉回手中的轉經筒。我仰頭望向佛寺牆外的方尖碑。裝置藝術，占領的藝術。政權的轉經筒。

我踏過門檻，進入興建於一六八四年的佛寺園地。園地內木造建築的每一寸都刻滿、畫滿了圖像，糾結著轉向自身的意義與象徵，彷彿世間沒有什麼是分離的，一切的一切皆相互倚賴。聖壇像皮納塔（pinatas，譯註：一種紙製容器，在生日宴會上打破，會掉出糖果與玩具）般破開，灑出生命的裡層與內臟給世人看，每粒原子、每次呼吸，一切的一切，無不彼此相連。

繪畫與雕刻是人類靈魂的立體透視模型，以色與形散布，噴發著想像力與生命，精靈與聖徒、時母迦梨與藍色佛陀、千手觀音、人與動物的混種、有人類生殖器的狗和生著狼臉的鳥、藍色魔鬼、紅色骸骨、橘樹與綠山、歐幾里得做夢也沒見過的幾何

第三章
真正的香格里拉

形……鍍金菩薩、在垂落其金足邊的馬毛鬍中築巢的燕子……諸般形色猶如一張聖界地圖，只差「你在這裡」的紅色標示，指點你如何從起點循路走向涅槃。

我漫步走到主殿後方，在一個小聖壇裡，二十多名喇嘛面對面排成兩排。屋內昏暗黝黑，數千支細小的油燈燭火搖曳生光。喇嘛以單調的低語誦經，三尺長的號角傳出渾厚的低音。這裡存在著一股不羈也未道明的黑暗力量，某種奧祕正等在陰影裡。這裡沒有安檢人員，只有黑煙裊裊。軍隊砲轟寺院，把尼姑庵變成豬圈，讓人民挨餓，流放或逮捕他們的領袖，拒絕給西藏人來去自己土地的護照，以燃料庫與機關槍占領聖地，掠奪西藏的財富與礦產，但靈性、身體與這片土地之間的共鳴仍持續著，從他們的胸廓與喉嚨湧出振動的長波。燈火閃爍，光影的拼圖在牆上舞動，一則古代之夢的片段。

我從側門走出佛寺，繼續朝鎮外走去。有人帶牛穿過窄巷，用雪橇拉著柴火。地景那頭，所有山脊都立有一排經幡。紅花與薰衣草在窗臺上綻放，從構成住屋的土壤中生長。成熟中的一畝畝大麥延伸到鎮外，成排起伏並交偃——已能收成的半透明穀粒呈白色，新芽是惹眼的鮮綠色，兩者之間是各種黃棕褐色調的麥子。

然後，我在西斜的夕陽下停下腳步，因為我接近公共安全部大樓時，看見有人用噴漆在鏡面玻璃板上塗寫我在大理看過的文字：「他們要來傾斜你，斜角你」。抹掉塗鴉的噴砂作業已經進行了一部分，文字正從它挑釁地直向霸占的表面消失。基於某種理由，這次清潔人員穿著膨脹的隔熱裝，帶著通風設備，彷彿那些字是會傳染的病毒。那些字和我第一次看見時同樣難以理解。哪個瘋子會冒著生命危險，以如此抽象的手勢，把這些隱晦的字噴在牆上幾分鐘？它不可能對任何人產生任何效用或帶來任何好處。縱使所有西藏人都讀過這些字，那還是改變不了什麼，反正根本也沒人看見：一出現在牆面，就被刷洗掉了。在光天化日下塗鴉是一種信念或愚行，或兩者皆是，有人冒著終生關進勞改營的危險，就為了一個祕密標記，一個耳語，一個眼色。

我開始回頭走向鎮中心。政府辦公大樓在暮色中發光，直線塊體撕裂了天際。天氣幾乎是暖和的，但日頭一落，山丘與流淌各處的溼地就拉下了白茫茫的寒冷夜幕。除了幾間餐廳裡有客人與老闆圍坐在燒炭的火爐邊，街上杳無人煙。

一輛蘇維埃軍用卡車載著從河床掘來的銀灰色砂石隆隆駛過。儘管卡車像醉漢般左搖右晃，車輪緊靠著陡峭的陰溝行駛，但穿著豹皮邊軍用夾克的司機平靜地盯著前方開車。

一陣暴雨橫掃街巷。我躲進一間用三合板蓋的餐廳，餐廳的天花板很低，燃著煤油燈。一名鞋子滿是泥汙的男子坐在角落讀一片撕下的報紙。一名年輕喇嘛坐在塑膠椅上，舔吮著盤裡的晚餐剩下的紅油渣。他抬頭看看我，油亮的嘴唇綻開笑容。

「請給我和他一樣的東西，還有一壺酥油茶。」我對梳髻的西藏女老闆說。

她點燃熊熊的瓦斯火，將一盤食材扔進平底鍋。屋內充滿了熱油的氣味。她將茶壺中的熱茶倒進以銀和綠松石裝飾的木製圓柱裡，再舀出一團犛牛油。女子上下抖動鍋柄，以圓鏟攪勻食材，直到皮膚因為出力而冒出汗光，接著她將食物倒進一個廉價的鋁製茶壺。壺中的液體呈灰棕色，鹹而帶油，幾乎沒有茶本身的味道，但足以帶來溫暖，讓我在這寒冷高原上的筋骨活動舒暢許多。

年輕僧侶起身走過來，露出笑容，對著我寫的筆記搖搖頭，筆記最後會化為你眼前的句子，我看著文字如魔法般，從筆尖形成紙上的藍色線條。他走出門外，進入雨中。

我的食物來了——壓成塊狀的碎大麥，半像燕麥片，半像豆腐，切成長條狀，加入番茄與洋蔥一起炒。不到兩分鐘左右，我就開始仿效那名僧侶舔盤子，把每一絲味道與營養吃下肚。

「這叫什麼？」我問女店主。

「餌塊，」她說，對著我的臉和手上的油光微笑，「你喜歡嗎？嗯？」

我看看四周，但沒看見紙巾或任何能擦嘴的布。我抬手用襯衫的袖子擦，突然靈光一閃，我明白為何喇嘛都穿黑栗色了。

雨停了。我踏出店外，回頭朝鎮中心走去。粉紅色與白色花朵從隔開屋子與街道的老土牆頂冒出。夜色像蒸汽壓路機般壓向整個盆地，星辰驟然從夜空升起。我抵達主廣場附近的叉路時，一陣風揚起，把砂石或金屬吹進眼裡。我踉蹌了一下，身體失去平衡，盲目地在路邊搖搖晃晃，右眼被吹來的砂石弄得掉淚，左眼也團結地一同緊閉。這時我感覺有兩隻手抓著我的雙肩，硬把我的左眼打開，我從隙縫中僅能看見一隻巨大的舌頭向我伸來，有很多突起的粉紅色舌頭，像一只黏滿藤壺的海參。在遙遠的西藏地區，兩個不相識的人見面時會伸舌頭給彼此看，證明自己是人，因為據說魔鬼的舌頭是黑色。對方如果伸出舌頭，你也必須伸出來，否則就令人生疑。所以我也依樣畫葫蘆，心裡納悶在這明暗不分的天色下，有誰看得出舌頭的顏色來。對方的舌頭又迅速靠過來。我叫了一聲，夜色纏繞著我，我感覺眼睛上有一團暖泥，所以退後了一步。一睜眼，我看見那位寺廟口的灰髮喇嘛，站在那兒盯著我。他已經用舌頭清洗了我的眼睛。我把臉上的口水抹去。他合掌頷首。

「扎西德勒，歡迎來到香格里拉。」他說，然後轉身走開。

4

從香格里拉到得榮

黎明時分，我站在公車站等北行到得榮的公車。我買了一杯即溶咖啡，啜飲著它的黑色苦液。站在四周的乘客們跺著腳，邊抽菸邊發抖——天氣實在冷到做不了別的事。西方遠處的梅里雪山像刮進一群建築物的碎玻璃，或一片冰鋒之海。香格里拉，那僅能從空中落入的烏托邦，始終在地平線之外。行政大樓的方尖碑吸進地景的光，再向外反射。

我向北進入秋天的西藏，只穿著一件薄雨衣，帶著一本筆記本和一張地圖，我什麼也不在乎。我只想看見一切，觸摸和品嚐一切，然後以我最好的文筆記下一切。

一輛中型公車停下熄火。柴油的廢氣貼著地面聚集。我和其他乘客上車後，公車駛出城鎮邊緣。土地上畫出了新路，四線大道呈輻射狀進入鄉間，勾勒著日後移民浪潮湧來、人口將屆數百萬的城市藍圖。我們經過一個混有會堂與其他建物的區域，一塊高六公尺的弧形招牌宣稱這裡是「德欽少數民族師範學校」，校園容納得下五萬名學生，但眼前僅有幾個人在水泥巨獸附近走來走去。相較於龐大外擴的建築物，這三兩個人不過是螻蟻。

破破爛爛、飽經風霜的經幡沿著從平原隆起的山脊排列——這些經幡與方尖碑正好相反，隨著大地的線條與起伏而流動，而非硬是把異地來的幾何形狀加在地景上。小鎮在我們身後消失。我們穿過田野，穿著紅藍上衣的農民在一列列大麥中成排移動，腰彎得很低，像極了古老畫作中描繪的歐洲農人。事實上，這趟志求高遠的北方之旅，時常感覺像一趟回顧過去的時間之旅，丟開不顧一切加速的外衣，轉而進入較緩慢的存在模式。農民以小鐮刀割下一束束大麥莖，接著將手高舉過頭，以一種類似舞步的動作轉身，將大麥交叉放進犁溝。湖泊的支流伸入開闊的草地，水天彼此映照，幾乎難捨難分。牽引機喀嚓喀嚓地在路邊行進，拉著坐滿農人的木推車，他們臉上裹著防寒圍巾。我們向北駛去，穿過長滿綠黑色松樹的山坡攀高，樹木消失了，只剩下灰白色的殘株，牛群在山腰吃草。一轉眼，我們就從山坡樹林來到了砍伐殆盡的光禿地面，見識了劈刀與裝載機如瘟疫來襲般的暴力。

多年前，我曾隨著臺灣布農族族人走進中部山脈，參與原住民的狩獵之旅。有一天，花一整個早上穿越針葉樹的原始林後，小徑蜿蜒地拐了個彎，再走一步，眼前就倏然出現了一個被劈得乾乾淨淨的山壁，僅餘山脊頂的一株千年扁柏，如堡壘般拔地參天，從地面往天上流。我們停下歇息，邀我加入狩獵的朋友那布說：「如果可以的話，那棵樹早就自殺了。它幫助人類砍死其他弟兄後，就被孤伶伶地留在山上，而且會永遠那個樣子。伐木團隊砍伐森林時，是靠把鍊子拴在那棵樹上，把其他樹木運下山的。」

獵人們休息抽菸時，我爬到坡上看那棵樹。果然，樹木中挖了一個〇・六乘以〇・九公尺的方洞，鍊子還穿在洞裡，在樹根中生鏽。

那是另一段人生，另一個夢，另一個體驗之島。不過，一切都在同一道潮流中，川流不息，就像你洗手洗了兩百年，洗到指紋、拇指與其他四指、皮膚盡皆脫去，肌肉與韌帶融解，骨頭脫落，神經失去觸感，最後只剩下殘株，曾經是關節與構造的地方，如今僅餘參差不齊的碎骨根。

司機把輪子打斜，在單線道上轉彎，下坡進入一片開闊的山谷，谷壁的岩石露出紋理，像石化的肉排。十多名乘客隨著轉彎左搖右晃，如牛群般呆鈍木然，和走道上的竹籃與麻袋擠在一起，連扭一扭挪動身子、伸展手腳的空間都沒有。一片鋸齒狀的山脈湧上天邊。公車慢了下來，最後停住。一個衣衫襤褸的男孩從工人群中走到路中央，揮舞一端綁著布的鏟子，示意我們下車。他的頭髮和衣服沾滿了塵土，樣子比香格里拉的乞丐還寒酸、營養不良，手臂就和鏟柄一樣細瘦。車子爆出聲響，前方噴出一陣煙。司機點菸，抿了一口茶。其他人也都一邊抽菸，一邊聽天由命地盯著外頭的灰石地；在擠得像沙丁魚罐的公車裡，實在沒有其他事可做。我問司機發生了什麼事，他說：「他們在炸岩石，把路拓寬。這樣大卡車才進得來。」啊，對了，更大、更快、更強，早該知道的，這世界最愛這種舞步。男孩揮手要我們前進，於是我們繼續前進，穿越扭曲交纏的岩石根塊層層互疊的綿長山谷。

我看向窗外，直直盯著一百五十多公尺外的褐色大河，那是金沙江。江面的紋理就像傑克遜・波洛克（Jackson Pollock）的畫作，泡沫翻騰，因為不可見的暗石而打旋，回波相互振盪出漣漪。山谷的另一頭，一簇簇西藏屋舍立在山腰露出的肌腱與骨頭上，院子裡種著向日葵與蘋果樹。金沙江從高原流下，接著會匯入長江，最後流入東海。今日你絕對猜不到，這裡的原生河豚白鱀豚已經在江裡游了兩千萬年，直到一九五八到一九六二年的大躍進時期，飢餓的農人因飢荒捕豚為食，近年又有工業汙染，於是導致白鱀豚在二〇〇六年成為現代最早絕種的鯨豚類動物。

在大理時，小劉說：「當豬真慘。」顯然當河豚也很慘。在人類世當非人的生物很慘，如果你喜歡活在有河豚、藍鯨、大象、犀牛、野生老虎的世界，或你喜歡生活中有森林、河流、珊瑚礁或可呼吸的空氣，那當人也很慘。海浪將世間萬物的骨骸沖上海岸。

有鋪路的路面到底了，我們繼續沿著坑坑洞洞、滿是車痕和石塊的泥巴路行駛。黃褐色與綠色的山脈從狹長的山谷中拔高，看來像是被人拿著鋼筋錘打出各種角度。我們路過的多隊工人拿著工具挖掘刮土，在路邊將混凝土與沙水混合成堆。工人們彷彿才剛挺過飢荒般地精瘦，皮膚與衣服都泛出油光。沒有一人是西藏人，統統是來自低地。他們停下手邊的工作看我們經過，半張著嘴，因為陽光與揚塵而瞇起眼睛。拿

第四章

從香格里拉到得榮

到兩個能叮噹響的銅幣當酬勞後，他們可能就會返鄉了，回到自己的家與田地，聽著自己家鄉的青蛙在池子裡叫，指甲裡卡著自己家鄉的土壤，不用處理別人的計畫、議程、家園的泥巴。

我們停在村裡的汽車廠補輪胎，村子是跨河而建，兩岸各有二十來棟屋子，以纜繩和平底船連接。女人坐在樹蔭下賣竹籃裡的胡桃，但幾乎不費心吆喝。一切似乎都瞬間凍結在死寂中。太陽像一把犁刀，揮來將你劈開，把內臟化為塵與光，放它們自由，讓你回到血與光明的原初成分。我很高興自己在西藏買了這頂牛仔帽，讓腦袋能安全地待在腦殼裡，雖然最近它對我或其他人都沒什麼貢獻。少女在路邊拿著藤籃蒐集石頭。整片地方都布滿了片岩與碎石堆，乾燥得能感覺到自己體內的水氣從皮膚被吸走。村裡土牆的白色塗料剝落。被陽光曬到褪色的經幡掛在庭院各處，旗子破爛不堪，上面的禱文彷彿來自一個已從地質史中失落的年代——印著來自另一個石層的文字。一隻狗在我走過牠身邊時吠叫，但連頭也沒有從牠躺著的地方抬起來。很難想像這裡的人如何過日子。這裡有如月球殖民地——他們真的是以生長於斑駁沙地上的枯黃玉米與大麥維生的嗎？不過上游處就立著一座佛塔，這座球根狀的聖堂覆滿了塵土，標示著人與地的連結。久居此地的居民已經產生了歸屬感，他們觸碰著這片地景的靈魂，認為它是家鄉。

一個老人站在路邊轉著轉經筒，俯視著橫跨河面的金屬鷹架。他的臉既平滑又處處皺紋，令我想起愛德華．柯蒂斯（Edward Curtis）拍攝的美國印第安人首領。下方的男人拿著鎬鑿下河岸的岩石。一面鋼板閃爍著焊接的火光，將兩岸間的空間切割成塊。載滿砂石的水泥車在河上來來去去。「下面是在做什麼？」我問老人。

他看看我，然後回頭俯視河面說：「他們要造水壩，會一直造到岩崖頂。水會淹沒這裡的一切。」

「那到時你們怎麼辦？」

「我們都在這兒出生，但到時就得離開了。我們不知道要去哪兒，但他們會來帶我們走，到某個安置區去。時候不遠了……」

「但你們會獲得一些補償吧？」我呆頭呆腦地問，彷彿對遭不知名的遠方當局強迫搬離家鄉的人來說，價格公道是最重要的事，就像在問一個被賣去娼寮的女孩價錢好不好一樣。

他聳聳肩，彷彿說了也是白說般地盯著我，就像拿馬蹄鐵去套鐵柱，你只能看見它們徒然落進泥坑，就算人人都是好手，也沒有套住的希望。

「他們不告訴我們任何細節，」他說，「他們說會有工作——製造某樣東西的工廠，但不知道是製造什麼。我們住這兒不需要有工作，也不必向任何人報告；我們一向自給自足。但現在我們必須遵守生產時程表，要在紙上寫工時，等老闆下令，然後希望薪水準時發下來。」他調整了一下手腕上的菩提種子，是一串佛珠，嘴裡念了一遍六字真言。「你看底下那些女孩拖的石塊——那是要造水壩用的。他們把石塊壓碎成礫石，混進泥漿。他們會用我們蒐集的石塊逼我們搬走。住在這裡不容易，但我們好歹活下來了。不過，到時連佛塔也會被淹沒。」他指著佛塔說。

「但他們為什麼要在這兒造水壩？」

「電力啊，」他說，彷彿那再明顯不過，避不掉也躲不開，好像我這麼問太傻不隆咚了。「他們要把更多電力送到成都去。也許他們那裡已經沒有河可以建水壩了吧。」

是的，更多電力，更多用來吸取、鑽營、驅動、傳播、加強的電力。電力再多也不夠用。八爪章魚般的越地遷徙計畫，將觸手伸到未經開採的資源中，將它連上位在中央的頭部。

所有少數民族理當是自治的，但在帝國的辭典裡，自治顯然意味著它可以任意要你遵守規則，任意要你聽命行事，任意要你挨餓或下獄，如果你對如何活著有其他意見的話。

一輛車斗載有熱柏油的卡車經過，幾個穿著卡其色工作服、帽子有鬆垂帽瓣的男人，站在保險桿上揮手，口齒不清地大聲問候我。更多被剝奪權力的人們。我的公車司機按按喇叭，輪胎補好了。每個人都費力穿越飛揚的塵土回到車上。這裡將成為我們拋諸腦後的一個微不足道的地方，匆匆招手，匆匆道別，馬蹄鐵噹地一聲敲上鐵柱，然後帶著你的錢離開吧。扎西德勒，我對俯視著河面的老人說，但他對這句問候與祝福語似乎充耳不聞，一如四周的岩石與機器般漠然。

我們繼續駛過陽光與岩石。在幾條泥巴路的交叉口，一道橋橫跨河面，河岸邊仍有鋼筋凸出，連接著正在鋪水泥的路基——那是二一四國道，起自南方數百公里遠的寮國邊界。二一四國道從這裡朝西北斜入西藏的官方領地，又稱西藏自治區（TAR），外國人除非雇導遊並在首都花一個禮拜獲得許可，否則不得進入該地區。二一四國道呈環狀西行，接著再度向北，直抵帝國極北的大草原，將整個公路系統回頭連上首都及工業化的東岸。在地圖上，二一四國道是一條乾淨清楚的線，繪圖板上的一撇，前後延伸近五千公里；但地圖是一種投射、一種雄心、一個關於移動的夢，實地來看，那條線仍在鐵橇下一寸寸敲進大地。瘦削結實的男人穿著笨重的罩衫做工寄錢回家，在那裡，大飢荒的記憶猶新。成束的鋼筋像成捆的稻穀堆在橋邊，峽谷谷壁上四處濺著破水泥袋漏出的碎屑與廢金屬。

這趟旅途中我還會再經過二一四國道，但此刻公車還在河東岸，沿著土路向北走。這條路在地圖上是一條省道，是繪圖員筆下的另一條平順的線，彷彿有人拿指揮棒一揮，奏出了一首出世的交響樂。國家交通網是從片岩與塵土中塑造而成的，工人們緩緩從一地移到另一地，家永遠在遠方，他們拿鋤劈山，以破舊的手推車移碎片。我們繼續在日後的省道上前進，或許它永遠會是一條單線泥土路、一條中央隆起的砂

第四章
從香格里拉到得榮

石溝。我們繼續駛進另一座山谷，沿著另一套電力線走，在罐頭般的公車裡以時速八公里顛簸前進。過了路口幾里後，一道凹陷的標示說，我們已經越過邊界，從雲南進入了四川。

四周盡是破岩壁的裂痕，小溪像亮片繩般在其中穿梭。谷壁被千年來的歷史形塑、淘空，化為無數石緣，但不久就會被新的混凝土水壩取代，變成方形單調，整齊劃一，講求實效與法令的直角與直線。大地被挖掘、炸開、穿入生鏽的纜線，在油汙下變黑，我不過是趕上它消失前來瞥上最後一眼。公車慢到像來自前工業時期，像水刑般繁複而惹人發狂，但卻能讓我鬆開腦殼，讓大地與天空灌進腦海。我試著將盤旋在公車髒窗戶外的一切礦物般的色彩一飲而盡：褐色、鐵鏽色、赭色、鼠尾草綠色、在峽谷邊緣高處的銀色與青銅色色帶。一切都被拆毀、夷平，變成平面，然後刮得乾乾淨淨，製造出一片平坦的地面、一個有待建構的空白地圖空間。河豚消失了，一去不復返。陽光與陰影穿過岩壁斜射過來。我們繼續朝北前進時，河流像一條廢金屬鰻魚般滾動著身子，路面在身後揚起金色的塵土。

5

得榮與王家寺

公車像一頭瀕死的野獸，跌跌撞撞地開進公車站。沒有人會稱這個地方為香格里拉，它不像展現永恆青春的異界天堂，一點也不。得榮是一排混凝土棚屋，老人像一條條肉乾般坐在大太陽下看雜誌，僅著內褲，垂吊著陰囊。我問售票亭裡的女人哪裡有客房可住，但她說：「你得自己找。」說完便拉上窗戶。一間店舖在賣巧克力泡芙甜點，雖然方圓一千六百公里內連一顆可可樹也沒有。峽谷的紅石壁如一面日曬鏡，將熱氣反射到鎮上，鐵灰色的河流從中穿過。一名老人從銀膠遮布後對我咧嘴而笑，並抓了抓陰囊上的痂。我開始納悶自己為何不先周詳計畫一番再出發。

時值傍晚，但我決定搭便車離開，便開始朝城鎮北端走去。河流是銅綠色，柳樹提供了樹蔭，在混凝土河堤邊搖曳。我走過「上海一流水泥公司」敞開的貨倉門，裡面有幾個穿著工作服的男人坐在一堆水泥袋與鋼筋旁的塑膠椅上，喝啤酒配花生。我走近時他們愣了一下，抬頭望著我，彷彿我是喜馬拉雅山雪人，巨大的白色恐怖，巨大的白色希望，我自己也多少開始有這種感覺。正在跑路的異國人士？隻身在荒野？從邊緣來的、遭誤解的生物？唯一倖存的某種動物？該死。

好了，當雪人下山，走上街道，你要怎麼辦？

「歡迎啊，雪人先生，來坐坐喝杯啤酒吧！」

我坐下接受了滿是泡沫的塑膠杯啤酒。看起來沒有其他事可做。

「叫我黃老闆就好。」坐上座的男人說。

「遇見我們算你好運。我們才剛載鋼筋來工地。你待到晚上會看到的夜生活，就是現在眼前的這個樣子。」他伸手拉了拉褲襠，像是渴望解放他的睪丸，曬一曬傍晚最後的陽光。一個年約八歲、留著筆直蘑菇頭的小男孩走出來，站在他身邊。「你來得榮是打算做什麼？」

「我的打算……嗯，我只是要一路北行。眼前沒有迫切要做的事。」

「這樣啊，如果我們是在成都，一定能給你看看那裡有多好。你知道四川食物有多辣吧？嗯，女孩子們也很辣喔。我有一間火鍋店，後頭有卡拉OK室。給你一張名片，下次來成都可以看看。火鍋免費，還有很多好料——我請客。」

「這安排聽起來不錯。你們來這兒做什麼？」

「我們可不是來這兒作樂的。是吧，小夥子們？」其他人年紀較輕，是搬貨的勞力，不太像是能妙語如珠的語言大師。他們半張著嘴點點頭。如果他說：「月亮很難聞，但仍是我最愛的起士。」他們可能也會做相同的反應。

「我們是來這兒賺錢的，」黃老闆說，「這裡到處都有路、有橋，有水壩項目。政府遞合約就跟在霍亂病房遞衛生紙一樣頻繁。火鍋店是很好，但光是煮那些撈什子湯是永遠賺不了錢的。幾年內我們就會賺得飽飽的返鄉。我會帶幾個西藏女孩回去，擴大卡拉ＯＫ吧。她們迷人得不得了，歌喉也不賴。你吃過了嗎？我們這兒有幾罐醃烏賊和一些豆腐乳。」

「不用了，謝謝。」我說。我這一天下來只喝了一點酥油茶，正因為飢餓或緯度，或兩者皆是，而感覺頭重腳輕，但還是一股腦兒地想走出這堆混凝土矮房，繼續向前走。「其實我只想繼續沿路前進。」

黃老闆示意兒子再為我倒一點啤酒，接著說：「鎮上有幾間小旅社可待。床很便宜，一間房三、四塊錢。但跟你說啊，只要再向北走幾公里，就有一間鄉間酒館。還有一小時太陽才下山，如果你想去，我可以用卡車載你去。」

「是高級飯店嗎？」

「那地方很好、真的很好，但不貴，別擔心。」他看著我的舊靴子和磨破的褲子說，「你也可以睡在這裡的倉庫裡，但明天一早我們就得出發，用卡車載貨，很晚才回來。」

其他人把杯子拿到嘴邊，點頭表示贊同。問題來了就解決它，沒什麼大不了。

我起身拉了拉褲子，伸了伸腿。「黃先生，謝謝你的提議。我很感謝，但我想我

第五章
得榮與王家寺

還是沿路走過去吧，住宿的問題就再說了。」

雖然我到那裡時，天色可能已經很晚，但我估計可以搭便車到他說的那個度假村，甚至用走的，如果它還開著或甚至還存在的話。這一刻我只知道，我想馬上上路。

「等等，等等！你不必這麼急著走。再喝一杯啤酒，我就載你去你想去的地方。畢竟來者是客，你離家很遠吧。」

但我不知道自己是哪根筋不對，很不耐煩，這股自我驅使的衝動很魯莽，也很莫名其妙，也許是因為我坐公車坐了一整天，途中只能從髒窗戶望著窗外的世界流動，進行慢動作的內爆。我和每個人握手，吹著口哨無憂無慮地離開，感覺靴子踏在柏油上令我開心。我走向上游，河水滾滾，往反方向流去，在暮色中閃爍著銀光，峽谷口上方的天色正轉為赤褐色與紫色。我不想與任何人交談，但也厭倦了自己。我唯一能想到的事，就是從我所在的地方一步步向前走。

前方毫無生命的跡象。我走到城鎮邊緣，想起我已經好幾個小時沒見到路上有車經過。一輛牽引車停停走走地朝我的方向開來時，我以為這次一定能搭上便車——我伸出拇指，但車上的農夫只咧嘴笑，舉起拇指來回應，然後就轉到小路去了，把我獨自留在漸晚的天色裡。我站在那裡猶疑著不知如何是好時，一輛拖板車從鎮上駛來，車身印著「上海一流水泥公司」。黃老闆搖下車窗，戴著像佛州警探影集中的那種太陽眼鏡。他搖搖頭，遞給我一根菸。「來吧，上來，」他說，「我帶你過去。載你一程總不會要了你的命。」他坐在前座的兒子很快跳到後座，讓位給我。

睡在路邊或走回鎮上小旅社的預感，讓我稍微修正了我的先後考量。

「謝謝，非常感激。」我說著爬進車，從他遞給我的打火機點菸。「你知道嗎，我只是想伸伸腿，呼吸一下新鮮空氣。」

「我當然知道，別擔心。有一天我到美國旅行時，你也會這樣載我一程。」

「如果你是從成都來，為什麼公司名稱要取作上海？」

「比較高級，」他說，語氣中沒有一絲嘲諷。

「這裡到底是在做什麼？從香格里拉到這裡的整條路都在施工。」

「開發吧。你看看，這地方多原始。人們都活在黑暗時代。所以我們才要開路建橋，還要建水壩生電力。」

「但這樣有幫到當地人嗎？我想電力都送到都市去了。」

「你瞧，這就像拉你的么弟一把。當然了，你拉他一把，不代表你拒絕接受任何利益。世道就是這麼運作的。」

「可能吧，但不是你家被水淹沒，才能說得這麼輕鬆。」

「我們都在戰爭中失去不少東西：內戰啦，二次大戰啦——二戰的時候中美還是盟友哩——還有文化大革命和大躍進。人人都一樣。如今我們只是想趕上世界其他地方。要一點舒適和方便有什麼不對？」

峽谷壁是一片單調、無可轉圜的紅色。夜色如一棟建物陡然崩落。黃老闆從塑膠袋中取出兩罐啤酒，給自己打開一罐，另一罐遞給我。「你到底來這兒做什麼？跑到這鳥不生蛋的地方？」

我能怎麼說？我沒有目的地，沒有商業模式，沒有卡拉ＯＫ機，也根本不想有那種機器。我不知道自己要去哪兒，此刻甚至也不明白此行緣由何在，所以我只啵地一聲拉開啤酒，咕嘟咕嘟地喝得滿嘴泡沫。啊。他也如法炮製，此刻這麼回答似乎就夠了。

＊＊＊

我們路過一座橋，橋旁的標示寫著：「王家聖山寺」。山腳的村子是幾間分散成梯形的西藏屋舍，和散布在大麥梯田間的若干小木屋。山拔地而起，閃耀著光輝，在有如橘子果露融化的暮色中，顯得光潔黝暗。

「那間寺院裡有什麼？」我問黃老闆。

「就幾個禿子吧，」黃老闆說，一手拿著啤酒嘖嘖有聲地喝，另一手轉著方向盤開車。「這整個地方都會在幾年內淹沒，所以他們得去找另一座新的山，不然就得游泳到西方極樂世界去了。」

但我望向窗外的山，那片從灰色山谷中升起的槽紋雪花石膏，內心生出一股渴望，呼喚著我登上峰頂，那山巔似乎並不通往任何地方。

黃老闆在酒店放我下車，那是一座窩在河灣裡的U型大院，庭院裡雜草叢生。

「到了，」他說，「不過我說啊，這裡看起來很荒涼，你確定不想跟我們回鎮上？你到底要在這兒做什麼？」

「我不知道。也許明天我會上山到那座寺院去。」

黃老闆挑起眉頭看著他兒子，警告他別聽這瘋子說話。「好吧，隨時都可以來看我們，我們啤酒多得喝不完。」

他兒子從窗裡向我揮手，風吹亂了他的蘑菇頭，黃老闆搖起車窗到額頭高度，然後開回鎮上。

一對毛色髒亂的獵犬對我嗥叫，但有繩子拉著牠們立在空中。大院裡走出兩名男子，兩人都戴著粗框眼鏡，小平頭剃得亂七八糟，像被拍打過的皮納塔。他們的衣服有汙點，瞇眼站在微光中的樣子有如棄兒。

「這兒有房間嗎？」我問道，整個地方荒涼破敗，令我覺得這問題很荒謬，庭院是一片荒煙蔓草，從樹上掉落的蘋果在草叢裡腐爛，鐵鋤、尖嘴鋤、鏟子靠在牆邊，木柄已破裂變灰。我覺得自己應該問的，不是這裡有沒有房間讓我能靠靠頭，而是人類還有沒有希望獲得拯救。兩人同時搔了搔頭。

「你想待在這兒？」

「呃，是的，可以嗎？」

「因為現在不是客人會來的季節，我的意思是……」

「……也不是不行，但我們只是為屋主看守這裡。」

「我不需要房間時髦漂亮，只要有張床能過夜就好了。這附近看起來沒有別的地方可待。」其實附近根本空無一物，只有峽谷的谷壁，還有如黏人的香檳泡沫般漫漶一切的河水聲。

兩個年輕人不僅樣子相近——兩人除了相互接話，額上也都長了一字眉，有如一道躺下休息、毛茸茸的驚嘆號。我暗示也許可以介紹他們認識在香港開迪斯可舞廳的一對姊妹花時，他們才甘願讓我留下，說會給我一個房間和一碗泡麵。

「你們不會碰巧是雙胞胎吧？」我問道。

他們一起笑了出來。「你怎麼猜到的？來吧，我們……」

「……去看看房間。」

他們帶我去看一間牆上有黴斑的潮溼房間，但位在角落，兩邊的牆都開有面河的窗，一開窗就能感覺到那股對流。

「你們倆在這兒多久了？」

「才幾個月。我們春天才從軍中退伍，找不到……」

「……什麼事可做。屋主是家人的朋友，所以我們來幫忙看顧這裡。現在我們只能……」

「……乾等，都快無聊死了。」

我看向窗外，紫羅蘭色的天空開始冒出幾顆星星。河流靜靜流過，在峽谷壁中打旋。我的皮膚覆滿了幾公里來的工地岩石碎屑和柴油煙塵。「有熱水可以洗澡嗎？」

「嗯，我們有時是會生火燒水啦，但是……」

「……現在時間有點晚了。」

「太糟了，我本來希望先洗個澡再出門體驗這裡的夜生活。這附近有什麼好舞廳嗎？」

他們像遇見瘋子一樣看著我。他們因為遠離人煙太久，所以不明白我只是在說一個不高明的笑話。

「呃，好像沒有耶，」一個兄弟認真地說，「這裡甚至連……」

「……唱卡拉ＯＫ的地方都沒有。」

「別擔心，」我說，「我想很快就會有了。」

＊＊＊

第五章
得榮與王家寺

王家山是一首石中歌，從東面的峽谷壁中升入天際。我無從解釋，但它敲中我內心的神聖之紘。有些山就是能抓住你的心，似乎其中寓居著某種絕對的意義或價值，透過某種反思或靈通的過程，你對生存本身也會產生同樣的感受。數十億顆空白無語的石塊在不可思議的自然淘洗與千年歲月中，煥發出令人心碎的美——那石中或許有靈，或許沒有，無論如何，都是難以想像、不可置信、無法理解的，就如生活中一切蘊含神祕成分的事物一般。延續生命的呼吸，不停歇地跳動數百萬次的心臟，從塵土與汙泥中綻放的花朵，從腐爛水果發酵成的酒，我們從死去的動植物組織中攝取養分，轉化為活生生的熱能來驅動筋骨——我們知道一切是「如何」來的，明白其中的化學與生物學，卻不清楚它們「所為何來」。我們可以解釋宇宙何其錯綜複雜，卻無從掌握其最簡單的根本道理。

＊＊＊

清晨，兩兄弟煮粥並燒水泡咖啡。我從大院附近的樹上摘下蘋果，裝滿口袋，回頭走上通往王家村的路，開始沿山路走向寺院。穿著土色長袍的男男女女停下插蒜苗的手，從大麥田裡向我揮手打招呼。他們手伸進長袍，掏出任何能當禮物的東西送我——胡桃、幾塊麵包、香菸——彷彿我們的相遇，或生命本身，就是一場召喚慶祝儀式的奇蹟。他們的臉曬成古銅色，似乎時時處於笑聲的邊緣，一有動靜就灑溢出來。存在突然變得很美好。天空是西藏著稱於世的那種驚人的、世界屋脊的藍，一只倒扣的青金石碗。我們似乎真的更接近天堂，從王家山的山巔，我似乎能踏入雲端。爬得愈高，山似乎變得更近也更遠了。天空益發澄明、廣大而開闊，顯露出疤痕、洞穴、裂縫來，擁抱也吞沒了我，但離山頂的路愈清楚，就愈艱險，山脊與溝壑就在眼前增生。

我幾乎不忍把目光從天空和山頂移開，它們令人著迷，超乎一切之外。但我轉身回望山谷那頭時，大地也同樣燦爛，以大自然的色彩鋪展，讓我想擁抱並吸入它：土地如乾涸血跡的原始深紅色，對面谷壁如乾癟皮膚的黃褐色，爬滿谷壁的條痕如孔雀尾巴般的綠色調，呈斑塊與條紋狀的深墨綠色與柔亮的原始綠色，還有山脊高處礦物藍色的淺色陰影。

山路回轉向高處的灌木叢與矮樹叢。雲朵如飄浮在山頂上的燃燒鋁塊，亮得令我眼睛發痛，那是飄浮在淨亮藍色中的天空精髓。在一個溝壑的裂縫中，一隻犛牛被拴在木樁上，底下的水在池中打旋。那隻可憐的動物病懨懨地受著苦，鼻子流出黏液，像一具淹水的卡車引擎般氣喘咻咻。我繼續前進，在山路上經過一名帶驢子的西藏男子——驢子背上繫著竹籃，籃裡裝滿了柴火爐的馬口鐵零件。扎西德勒，那男人說，透過手捲菸升起的煙抬頭瞇著眼看我。

第五章
得榮與王家寺

山路盡頭是一段石階。寺院位在岩架上，背後就是懸崖。建築物下陷，發出油光，木板相疊成屋，柴薪堆在牆邊。石階頂端，一個年老的喇嘛站在門口外。我們一語不發地站在那裡，沐浴在陽光下，聽著吹過松樹的風聲與底下的河流聲。在這大自然的靜謐中，出聲似乎是種褻瀆——你還說得出什麼萬年來沒有人說過的話？你的話難道不是一出口就成了明日黃花？但最後我還是向僧人打招呼，並問他：「你在這裡做什麼？」

「和你一樣啊。」

「什麼意思？」

「呼吸，吃飯，拉屎。」

「你住在這兒嗎？」

「不，這兒太擠了，我住在下面。」他指著底下一百五十公尺處，一棟嵌入懸崖的單坡頂房屋說。

「我猜革命時解放軍上來過。」我說。我想像殺紅眼的衛兵攻上山，不讓僧侶進洞穴冥思——對警察國家來說，他們無疑是階級敵人。

「沒錯，但沒有停留很久——只有二十年。本來的建築物有八百年歷史。不過沒關係，整座山都是佛堂，我們都是天堂與地獄中的靈魂與魔鬼。我們不需要壁畫或聖壇。石佛已經毀了……但你要怎麼說它們毀了呢？從哪一點說它們不再是本來應當的樣子？這座山數百萬年來升高又裂開，但它崩塌了嗎？不是完美如昔嗎？你和我，我們不正是自己應當成為的樣子嗎？」

三個年輕喇嘛從門口出現，他們的臉圓而鮮嫩，彷彿才剛從溼土中捏成。老僧人轉身走下階梯，沒有開場白也沒有道別。穿著絳紅色僧袍的年輕僧人站在原地，在陽光中眨眼，直到其中一人說：「進來喝點茶吧。」

僧人們領我進門，走進一個陰暗的房間，我們坐在凌亂擺著茶杯碗壺的桌旁。他們用電爐加熱酥油茶，再倒進碗裡。他們臉上的表情抽象難解，就像才剛結束深沉的冥思，還在半懵半悟的狀態。

「要一點糌粑嗎？」其中一位喇嘛問我。

「噢，好，我愛吃糌粑。」

一位僧人拿起我的碗，用手指將糌粑攪入茶中。糌粑是青稞炒過再磨粉製成的，是西藏各地的主食。混進酥油茶裡，就會形成一種名為青稞炒麵的輕麵團。這一路上如果有人要給我糌粑，他們就會把我的碗拿去，用自己的手指攪麵，血肉與食物之間有種親密感。那位喇嘛攪著攪著，麵團逐漸成形，接著他將糌粑擺在碗邊，像是要作成拳頭狀抓著東壓西壓，直到揉成橢圓型為止，一側平滑，另一側帶有他的指痕。他把碗遞給我，我嚐了一口炒麵濃郁的堅果味，然後配茶吞下。

我把口袋裡的蘋果拿出來給喇嘛，他們馬上推辭。我走到屋外看看寺院四周。我無意往下走，回到紅土的低地世界。我覺得只要能呼吸，骨頭能在這些岩架上下移動，自己就擁有了所需的一切。

在寺院後方的一個洞窟裡，水從洞壁的裂縫滴下，集成一個生苔的小水池。水池邊上躺著一只金屬勺子，我舀水飲下，礦泉的甜味冷冽鮮美。十幾尊石佛裂為碎片，四處散在泥土上，但比起經過修補拋光，直挺挺地站著展示，現在的樣子反而更光芒四射，物質的短暫性加強了它們所代表的神性。相較之下，理應看成不朽且不變的香格里拉方尖碑，卻可能已經開始生鏽龜裂了。

浪潮般的陽光湧來，我向喇嘛道別，循路下山。這時我聽見有人大叫「喔喔喔！」抬頭望見那位老僧人坐在單坡頂屋子前的窄岩架上。他合掌做祝福與道別狀，終究是個心腸軟的老人家。

山谷某處傳來一隻驢子的叫聲，如人們所有破滅的夢想般在山腰迴盪。我經過帶著柴火爐的趕驢人身邊，他仍在緩緩走上山路。在繫著犛牛的池子旁，如今站著兩名男子，拿著血淋淋的刀，犛牛的屍體已經躺在樹枝墊上，割下的頭擺在岩石頂端，內臟置於桶子裡。

我經過一小片近來被焚燒過的樹林，變黑的樹木發出炭光，但是灌木已經從土中抽芽，覆上一層鮮綠色。岩架上的一間農舍俯視著梯田，銀藍色的河水在谷底流動。一群孩童笑著跑出農舍，跟著我穿過田地。他們打赤腳，穿著矢車菊藍的上衣，袖子與領口有刺繡，長褲都補過且褪了色。我們彎彎曲曲地一同穿過成排的大麥，直到他們被灌溉渠中的一隻青蛙分神為止，我繼續隻身前進，岔出山路，走下碎石坡，一路跳躍滑行四百公尺，最後來到一條大路。

熱氣從腋下升起，天色融進陰影。我的喉嚨很乾，皮膚上有一層塵灰。我不會對啤酒說不，但黃老闆可能正忙於處理水泥的訂單，或提供當地女孩一份在成都的工作。我很好奇山谷被淹沒後，大家要往何處去。我的一部分希望回到山上與喇嘛們一起冥想、喝茶，呼吸著破石佛的寧靜……但我想起自己從第一眼開始，就已經把這座山帶進心裡了。有一天，這裡將不再留下任何人看顧，不再有人從低地瞻仰它的莊嚴、它的衰老與永恆、它的疤痕與空無，不過那位老僧可能會一直待在上面的洞窟，直到天長地久。無論哪些村落、軍隊、帝國來來去去，那座山屹立不搖。一時的水壩或大水是傷不了它的。人類帶不來什麼療癒，只能浮起、順從、沉沒，就像那座山，就像世間的一切。

6

前往鄉城之路

我清晨即起，繼續北行。那對兄弟仍在睡夢中，連獵犬也沒有吠叫送別。我把行囊甩上肩頭，開始步行。未來的省道沿著河流彎向北方，深色大地上的這條狹窄灰路，如一條畫在皮革上的凸出鉛線。沒有公車，沒有汽車，沒有牛車——只有河水與塵土和我行進的腳步，山壑深陷於陰影中，但山脊在陽光下閃耀。

一條穿過木樁的電線起起伏伏，一步接一步地沿路前進。半小時後，我路過一間簡陋的廢棄鋸木廠，它如幻影般格格不入，因為四周根本沒有樹林；這是一片岩石與沙塵的沙漠高地。誰知道呢，也許二十年前這兒是一座森林。一名少年坐在金屬屋頂下的橇道上。他咧嘴笑著問我：「你有菸嗎？」我兩手一攤表示沒有。他聳肩笑了笑。也許下一個從路那頭走過來的人會有菸，可能是下午，明天，下禮拜。

再往前走，一名男子站在河邊挖沙，拋進繫在肩後的籃筐裡，然後走上河堤，把沙子倒進手推車。我經過他身邊時，他停下看著我，彷彿我是來自一萬公里外或一萬年前的一縷幽魂。我們兩人都在陽光下大汗淋漓。我合掌對著峽谷口下的那片虛空拋一個飛吻。呼吸，吃飯，拉屎——你還需要知道什麼？

我來到一處岔路，對一輛駛近的砂石車伸出拇指，一隻帶著旋轉攪拌槽的巨大象鼻蟲。它發出煞車的嘎吱聲停下。司機來自杭州，這座有兩千年歷史的都市離上海不遠，有聯合國教科文組織指定的世界遺產，以茶與絲聞名，曾是古代中國畫家與詩人的避風港，但如今是西方大公司的電子製造中心，工廠雇用了成千上百萬名的勞工，總人口有一千萬。司機重新點燃他抽完的菸屁股，開口道：「我連上兩班，但我太太還是說，錢還沒進來就花光了。你不會相信送我女兒上學的學費有多貴。」

我們在一條布滿轍痕的路上，加入水泥車與砂石車彎進山壑的漫長隊伍，進入隧道，出隧道後就看見了水壩工程的建地。

建造中的水壩如機器人般龐然豎立在我們上方，令我不由自主顫抖。它升入空中數百公尺，一座格狀巨獸，一顆科技與權力的巨石。數百臺機器如昆蟲般蜂擁在女王四周。鷹架頂端的天線塔探入天際，是更高更遠的方尖碑。工人們蹲著將鋼筋焊成鋼筋架。河水轉而流入一條硬鑽入山腳的水渠，留下可建的乾涸地基。空無一物的河床布滿了機器軌道的痕跡。數十輛裝載機與砂石車在精巧的安排下同時駛入，搬運泥土砂石，其他地方的工人則用雙手把岩石與廢金屬抬進手推車。

「這裡是怎麼回事？」我問司機，「我以為水壩在下游三十多公里處。」

「對，那兒有一個，這兒是另一個。水壩能造出水庫，供水給附近幾里的地方使用，幾里外再造另一個水壩，總共有六個水壩。」

山谷壁被削切成平坦的斜面，鋼筋與水泥交錯成棋盤般的格子，跳旗子，占王位，立為王，將軍，將軍，將軍。四處都有戴安全帽的工程師拿著計算機讀藍圖。從陡峭的側谷傾瀉而下的支流，已經在渦輪與過剩的機器族類固定下就位。整座山脈屈服於棍棒下，服務著水壩，而水壩又是「西部大開發」十年文明建設計畫的一部分。

河流密密麻麻的紋路與流水，都轉化成一條往返的水流，一連串的一與〇。它不再有身分，能為下游田地帶來沉澱物的滋養，也不再為魚、鳥或人類提出遷徙路線；它成為一個麻木不仁的大塊頭，一個在動能轉化為電力的等式中的變數。如果河流是「地景的靈魂」，那這靈魂已經被拖網捕住、切碎，像爛魚塊般被丟棄。這條河已經成為除了金融價格外一無是處的資源，就如在賈西亞・馬奎斯（García Márquez）的小說《獨裁者的秋天》（*The Autumn of the Patriarch*）中，將軍賣海償付國際債務的利息，在曾是大海的近岸，留下一片塵土飛揚的月球地景。

擴張、利用、抽取的風氣變得無所不在，以致人們認為留下任何物質潛力不去開採、不加探勘，是一種道德缺失，不將任何自然或人類資源轉化為法定貨幣，就如取走乞丐嘴裡的麵包皮。似乎沒人想到，大多數財富都是進入了本來即是富人者的口袋。提起這點太不識好歹。大地已經被簡化為全球的盈虧總額，像房地產一般，在我們來得及認識自己擁有的東西、我們本身、我們過去有多少價值，上述問題又如何像河流般形塑我們的未來前，它們早已在投資遊戲中數度易手。

＊＊＊

司機停車卸貨，讓我在工地中央下車。我往前走，是這片機器景觀中的一團人類體液。似乎沒有一個工人察覺到我的存在。地面是穿越我的連續體，我覺得自己如周圍地區般被夷平、鑽孔、鋪設。我感覺如果自己回頭望，就會化為鹽柱，或我早已成了一道鹽柱，一無所有，只能繼續前進，最後消融在海裡。

在工地遙遠的那一端，我重新接上道路，跳上一輛牽引車的踏臺，跟著前進數公里。司機抵達目的地時，隨意地向我行了個軍禮。我迅速地回他一個表示和平的手勢，然後繼續前行。

路面隨著陡坡忽上忽下。我逕直前進，越出之字形的路，靴子裡滿是沙石。岩崖底有一棟搖搖欲墜的小屋，以荊棘造壁，鋪著塑膠板屋頂。皺縮得像乾蘋果似的一對男女走出小屋，帶著三個孩子，全都衣衫襤褸，面露微笑。他們用我幾乎聽不懂的鄉下方言邀我共餐。他們貧困潦倒得令人匪夷所思，又或者在這片僅有土石的荒野中，他們一無所有卻能如此好客，令人百思不解。我比手畫腳地表示我吃過了，於是他們拿著空竹籃消失在矮樹叢中，孩子們揮手，蹦蹦跳跳唱著歌跟在後頭。

第六章

前往鄉城之路

我搭一輛運油車的便車，坐進破爛不已、飄著濃濃油味的副駕駛座。司機很安靜，沒刮鬍子。不必開口讓我鬆了一口氣。我坐進車子排檔的無語轉動中，陷入自己不成形的念頭裡，讓心思沿著路面伸展為單股意識，順著氣流綿延數里。

孩童們揹著成捆的薪柴走在路邊。地面隆起為丘，染上濃淡不一的綠色調。司機停在一處路彎，我跳下車。前方的天空是黑色的，捲曲的雨絲橫掃過來，模糊了山谷盡頭的高山。風雨猛然襲來，似乎再不到幾分鐘就會將我吞沒。我離開大路，循著一條土路前往村莊，希望有人收留一宿，但沒有看見期待中的田園景色，反而進入了一個開市中的熱鬧市集。街上的男男女女穿著下田的裝束，揹著裝蘑菇的竹籃，小貨車與馬車擠得水洩不通。在秋天的兩週期間，一種生長於高緯度的野生蘑菇會從山腰冒出。當地人會丟下手邊的工作到山裡採菇，賣給批發商。有些蘑菇會運送到遠及日本的地方，一磅蘑菇在那裡的售價是一百元。春天一到，青藏高原各處還會出現小小管狀的「冬蟲夏草」，屆時大家更會忙得不可開交，因為冬蟲夏草一磅要價六萬元。

雨滴散落。村子太小也太偏遠，沒有客房可住。人們四處奔忙，忽視了雨和我。少女們將頭髮收束在軍帽下，高高的顴骨染上紅暈。男人生著一副狼像，下巴窄長，露出牙齒。

一名穿橘背心的老人試著和我搭話，問我來自哪裡、做什麼事——他留著削短的白髮和一把鬍子，笑起來放肆無比，滿嘴的牙爛到見根。我問他村子裡有沒有地方可住時，他弓起背大笑。

我走回公路，懷疑自己能否在雨砸到身上前搭到便車。我在雨彈的無心發射中站著等了五分鐘，直到一輛廂型車停下，司機建議計價載我三十公里。我擠進他運送的一籃籃蘑菇中。司機轟地一聲發動車子時問道：「在美國，人人都有洗衣機，真的嗎？」

道路直升入山，天氣變得冷如冬日。雨絲變厚為霰。

我們在三千八百公尺高的地方經過一處山隘，接著蜿蜒而下，穿過一片濃密的針葉林，來到另一個正開著蘑菇市集的村子。頭髮蓬亂的人們笑著走來走去，口袋裡裝滿了錢。景物在陽光勾勒的霧中閃爍。我走過蘿蔔與大麥田，穿過一片墨綠色的針葉樹山谷，銀色的河在山谷中流過。一群坐著拖車的村民揮手喚我上車。我爬上車，跟著他們坐到田裡，儘管天冷，一路上他們和我說說笑笑。「你在這裡做什麼？找一個西藏太太嗎？要不要帶我去美國？」

我揮手招下經過的公車，上車後，我像一具不知所措的殭屍坐在麻袋堆和糞肥味中，疲憊而呆鈍地望著窗外，經過海拔四千兩百公尺處的山隘時，我盯著窗外霧茫茫的世界。我們在隆隆聲中下山到關隘另一側，進入鄉城的雨中。到了鄉城後，我住進一間公營旅館的房間，這是外國人唯一獲准暫留的地方。

我倒在床上，聽著雨聲入夜。雨落在整片山區，淋著所有道路與田地，再融入溪

第六章

前往鄉城之路

流。溪水流經數千里後，挾帶著山的塵土匯入海裡，在那兒待得久一點，直到被龐大笨重的混凝土路障，及其渦輪機與電力變壓器攔阻為止。水壩讓河流膨脹為水庫，像一具裝滿粉沙的沙漏，儘管大海每年都會化成雨水返回。雨追隨著自己的遷徙路線，我也追隨著我的遷徙路線，一步一腳印地踏上路面，將鏽斑與機器留在身後，它們最後也會流入大海，回歸鹽與藍、水與天的平面，直到僅餘這段文字存在為止。

7

永恆之雨中的鄉城

這場混著寒意的雨綿綿不絕，既不停歇，也一成不變。鄉城位在山腰的斜坡上，在我的記憶中，它始終離不開溼襪子與雨聲，似乎棲居在過去與現在之間，一面滑入自身的歷史，一面被抬起、錘打，朝外力強加的未來前進。

在公營旅館的入口，一如往常地有「禁止攜帶武器」的標示，而它出現在哪裡，哪裡就有持槍的警察。在這裡，站在門邊的警衛手肘處就有一支突擊步槍。大廳與廊道裡隨處可見交織著螢光橘色與綠色的塑膠經幡，上面印有藏文與中文。牆上懸掛著藏羚的頭部標本，展示用的人體模型穿著「傳統」西藏羊毛袍與絲緞帽，在沒有四肢的軀幹上方，掛著塑膠人偶的微笑。

在寒意與大雨中，我無事可做，也無處可去。時間本身似乎膨脹並停下了，留在狹道後方的水庫裡。我待在床上，用藍墨水鋼筆寫信給朋友，但在這高緯度地區，墨水時有時無、斷斷續續。

我下樓到大廳討熱水泡咖啡。旅館的電視螢幕上，一隊數百輛的軍用卡車正駛過蜿蜒的山路，前往拉薩，接著新聞以令

第七章

永恆之雨中的鄉城

人喘不過氣的勝利語氣，報導一座核電廠的興建。然後切到國際新聞，出現了伊拉克戰爭的錄像片段——在沙漠中爆炸的槍砲，街上殘缺不全的屍體，炸爛冒出煙火的車輛，穿梭在煙霧中的直升機。第一千名美國軍人在那場戰爭中喪命。那場大屠殺從昨日到今日未曾改變，明日也依舊不變，但一千倒是很好的整數，不然就不會登上新聞了。

我走出旅館，進入雨中，眼前是一片殘敗景象。工作團隊正在拆毀街道，我猜是為了重建。就如某位美國上尉在越南時說的，毀掉村莊是為了拯救它。顯然帝國滿足自身性慾的春夢是長生不老的——就是要淨化、純化，要夷平一切，使其化作可建造的不毛之地。

帶液壓臂的機器將路基鑿成一堆瓦礫。街上堆滿了鋼筋與鋼纜，男人們拿尖鋤在雨中鑿地，軍人們往返推著一車車石塊。髒兮兮像欠了債的當地人，坐在碎裂的邊欄上看著一切，身上的衣服褪了色，飽經日曬雨淋，一點也不像旅館禮品店裡笑容滿面的人體模型。沒有人給他們工作，工作團隊是從別處坐卡車來的，但也沒有人生事。人人都淋得一身溼，這就是生活的現實。

一名戴著粉藍色牛仔帽的年輕男子跨過土堆，他一臉得意，像是剛從牛仔競技中贏得一輛凱迪拉克。市場附近，一個乞丐躺在街上，為求人憐憫而在岩石上磕頭，手指勾著從水泥塊中斜凸出來的鋼筋。女人們在市場窄巷裡賣菜，她們穿著藏族長袍，圍著條紋圍裙，七彩髮梳表示她們已婚。穿著廉價工廠制服、拿著小零件的男人們站著抽菸揉下巴，並拿起塑膠板遮雨。一名穿靴子和軍用外套的女子遞給我一只黃中帶紅的梨子。梨子在灰色天光下隱隱發光，像塞尚畫中的蘋果般閃爍。她微笑著，彷彿我們周遭的一切是個妙趣橫生的笑話，正等著有人說出笑點來驅散大雨及政府的建設計畫，讓世界回歸先前陽光燦爛的樣子。「去美國要多久啊？」她問我。

「要一整天，」我說，「一輩子。」

「反正我還是想去，」她笑著說，「但我們的六元才能換你們的一元。」

我沒有多費唇舌告訴她，就算她真的到了美國，單是吃飯和呼吸就要付出多大代價——在這裡，你能以兩角半吃一碗麵，以一角錢喝杯茶。如果她在美國的連鎖咖啡店拿到一杯香草印度拉茶的收據，恐怕會心臟病發，那類連鎖咖啡店正孜孜不倦地以一種歡欣鼓舞的方式占領全世界。

上街再走遠一點，有人正把如蛇一般的電線往下拉進人孔，另一組人則把涵管的各部分整齊排在寬溝裡。他們正在興建一間十九層樓高的新飯店，把飯店外觀畫得像西藏農舍，窗戶窄小，建築呈梯形，但因為向上伸展，拉長的外觀反而看似一座高塔監牢。起重機將格狀天線吊到頂端立直，在雨中發出黑色的光芒。他們派工人戴羊毛帽、穿帆布靴，爬上去為天線加金屬腕樑。

「那是做什麼用的？」我問看似無聊地站在街上的一名警衛，他的雨披隨風飄動。

「那是新的飛彈防禦系統的一部分。」他說。我們離中央太遠，鞭長莫及，我猜沒有人告訴他不該對外國人談起軍事計畫。我看了看四周的山脈與片片雨霧，心裡納悶著究竟要防範誰？飛彈導航聽起來還比較有可能，帝王與將軍永遠會未雨綢繆，考慮到他們要攻擊或制伏誰。這種先發制人的末日後思維，才像王八蛋會做的事。架砲彈系統進行空中導航，來對付理論上的敵人，根本是瘋了，但消滅野生動物、阻斷河流、將地球大氣層轉變為悶住熱氣的氣球，或是逼迫人們遠走他鄉，也同樣毫無道理可言。一切都是同一個主旋律的變奏，猶如在深淵的邊緣跳踢躂舞，就為了賺幾個錢。

一面掛在高樓門面的布簾說，這是一座五星級飯店暨度假村，將會由首都的酒店管理技術學校畢業生來管理並運作，但他們仍會開打掃房間的職缺給當地人。我很好奇會不會有高爾夫球場。也許我可以討個桿弟的工作。或者我只要四處站著用擴音器大喊「前方注意！」就好，以免開球後有人被擊中。

前方有工人正把滑溜的黑色瀝青倒入過去是路基、未來也是路基的地方，在寒雨中發出蒸氣，封住一切。一隻流浪狗的腳不小心陷入瀝青的液體，吠了一聲後趕緊跳走。當地人把連身帽拉到頭上坐著，無疑是在納悶這條路為何要改良、鋪平，當然不是為了他們的馬或磨平了的摩托車輪胎，也不是為了他們腳上的那雙便宜塑膠靴。

我走進餐廳坐下，點了一碗麵。店裡空蕩蕩的，只有五、六個人坐在圓桌旁。他們看似是因為雨連綿不止而悶悶不樂，或我以為如此，直到兩個女人當眾啜泣起來。

我傾身問人群外圍的一名年輕男子：「怎麼了？」

「這個女人的兒子死了。他才二十二歲。」

「我很遺憾，這太可怕了。」

「對，很可怕，但真正的悲劇還不止這個。」

「怎麼說？發生了什麼事？」

「那個男孩是喇嘛，很小就進了寺院。這在這裡很常見。幾乎家家戶戶都有兒子剃髮為僧。他住在本區的寺院裡，那是四川最神聖的西藏聖地之一。幾年前，軍隊開始接管寺裡的行政工作。他們在四周架設金屬圍籬，賣入場券給觀光客。賺來的錢理應要用來整繕與維修，但住持從來沒有收到半毛錢。接著軍隊占領了大院的各部分，軍人進駐，開始把寺院重新建成觀光景點，逼喇嘛當導遊。

寺院住持透過所有官方管道對發生的一切表示抗議，但徒勞無功。命令是政府高層發下來的。年輕喇嘛開始上街抗議，但被警察鎮壓，她的兒子就這樣下了獄。一年後他們出獄，但寺院逐出了所有喇嘛。變成完全由政府管理，每天都有一車又一車的觀光團來。住持被舉發、監禁。她兒子決定自焚抗議。他淋汽油在身上，劃了火柴，就在寺院大門口。

第七章
永恆之雨中的鄉城

守衛的警察跑過來滅了火——他們可不想要這類烈士或這類事情上報。他被燒得面目全非，但他們還是當場打了他一頓，再以共謀罪逮捕他。他們收押他審訊，沒人能去探訪——家人不能探視，也不能請律師辯護。幾個月過去了，官方沒有發布任何消息。但最後，有一個囚犯見到了他，出獄後打電話給我們。她兒子被打得遍體鱗傷，聽審時得要坐輪椅才能出席，身上到處是燒傷的傷疤。他們把他送到新疆坐牢，但不到幾個禮拜他就死了。我們才剛接到消息，但他們已經把屍體火葬了。官方給了她一盒骨灰，說那是她兒子。我們根本無從知道真假……你覺得呢？他自焚的時候，他們說這是犯罪，然後他們殺了他，把他燒成灰當懲罰。」

我在雨聲中坐著聽女人輕輕哭泣。桌上的盤子旁堆著骨頭。人群緩緩起身收拾，拖著步子走入泥濘與大雨中。一個女孩端食物來，麵條和香菜豬肚在冷天中冒著蒸氣。聽完這家人的故事後，我覺得自己幾乎食不下嚥，但香料濃郁的氣味與卡路里的熱氣讓肚子咕嚕叫了起來，我的心情或心思對此無計可施。我開始囫圇吞下麵條。

外面有一名老婦人緩緩走在路邊，手指拈著念珠。她的臉形似貓頭鷹的骨架，風將她的輪廓吹得鮮明，現出凹洞。她身後的山谷飄著一片片的霧，像一張顆粒很粗的黑白豹皮相片。有金色圓頂與紅土牆的寺院座落在鄉城上方的山丘高處。我把最後一點麵條舀進嘴裡，捧起碗來喝乾湯汁，然後走回外頭的雨中。

＊＊＊

我離開大理已有兩個禮拜，很好奇那裡的人是否安好，所以我走進電話亭，撥了老陳的電話。儘管先前老陳聽了哈哈大笑，但我仍一心認為大理是恬靜之地。我想有一天我會回去，重新熟悉那裡的一切，和地下音樂圈的人玩吉他，在床上與蘇喝咖啡，和老陳結伴上山……我很好奇大理是否回到了先前的平穩狀態，不論是真實的還是想像的平穩，我意識到自己渴望它風平浪靜——渴望以那種慢步調的純真趨吉避凶，至少在我的想像中，那是可以返回的慰藉之地。

「嘿，老陳，大理的一切還好嗎，老兄？蘇、阿連和大家可好？」

但我沒有通過同甘共苦的試煉，我的懷念翻車了。

「沒人在了，老兄。不久我可能也要走了。蘇得回首都探望家人。她父親快過世了。一切都變了。總之她不想再留在這兒。」老陳說，「你離開一個禮拜後，他們就把太陽島關了。他們還抓走了阿連。他現在在牢裡。」

「什麼？！為什麼？就因為太吵？」

「不是，因為酒吧裡有大麻——他們指控他賣大麻！真是笨到家了——到處都長著大麻，哪還要花錢買？可笑極了。不過……警察開始盯上你的時候，你就笑不出來了。警察把所有音樂酒吧都關了，不准任何人玩樂器。他們抓阿連可能也是要警告其他人——你知道的，殺雞儆猴，但對他沒有半點好處。他們開始帶旅行團進城，導遊揮著小旗子，用耳機麥克風宣傳這裡的假歷史……他們開著高爾夫球車到處跑！這是大理耶！」

老陳滔滔不絕，幾乎不中斷。他的呼吸變淺，彷彿有人用拳頭擠壓他的肺部。聽筒開始在我耳邊變熱，我壓著聽筒，彷彿想讓它消失在我的腦殼裡。

「真不敢相信。」我說。

「這只是開始。最瘋狂的是……他們展開了根除大麻的計畫，到處噴灑農藥，每樣東西都噴，連市場裡的蔬菜和畜禽肉也不放過。誰知道那些化學藥槽裡裝的是什麼玩意兒？反正呢，這個地方已經和你當初認識的不一樣了。別期待回來後還能找回你寶貴的恬靜。」語畢老陳終於舒了一口氣，開懷大笑一陣，但他話還未說完。

「你知道，大理一向是反文化的首都，但他們是處心積慮地要整肅這個地方。他們要把它變成一棵觀光搖錢樹。舊大樓的門面會換成螢光招牌。你相信我差點在人民路迷路嗎？我向來靠腳下石頭的觸感就能摸透這條街的裡裡外外，但現在我覺得自己身處異地。」

接下來數年，政府禁止了全國各地的獨立現場音樂表演，以為迫近的國際奧運暖身——因為這類表演太難掌控和監督了。由於軍事或政治上的偏執，他們連郵寄錄音帶都視為違法……也許廖亦武和他寫天安門事件的詩作〈大屠殺〉是主要原因，他的詩作就是在一間脫衣舞廳錄音的。那段錄音四處流傳，人們偷偷拷貝，最後讓他坐了幾年牢。我幾乎希望我的國家會因為我的顛覆歪詩而捕我下獄，至少我能因此知道有人認真聽過。

這個國家的「現代化」似乎正處於閹割一切，將一切形塑成乏味的商品，再大量製造並供應的階段。我很好奇他們會不會禁止人們性交時抖動屁股，實施一種國家認可、冰冷冰的枯燥性交方式。下一步可能是拿兩個試管互敲來製造後代。

在大理時，小劉、蘇、安只是想側身讓機器從他們身邊輾過，但不參與其中。但有時那機器就是會抓著你，絆倒並纏住你，嚼碎並吞噬你，消化並埋葬你。沒有人想身陷暴力、迫遷、篡奪的體系中——但有時人生就只給你這些罪受。有時你不是身處於機器中，而是機器在你體內，你走到哪裡，就把它帶到哪裡。

＊＊＊

我坐在飯店大廳寫筆記，用蘇給我的最後一點咖啡屑泡咖啡。電視上的國家新聞正狂熱地談著「開發」：經濟正在拓展，產量提升，利潤豐厚。開發是一種仁慈的病毒，但無藥可解，為什麼人人都想要呢？不論是國外或國內新聞，私人媒體或政府宣諭，全都一樣。沒有人提到變成荒原的地景或川流不息的難民、有毒的礦渣堆與泉湧的核廢料。

等以工廠－汽車－塑膠製品－二元碼進展的病毒意識完全吞噬了地球後，我們還有土地可居住嗎？讀到新聞一方面報導經濟擴張成新市場與新高度，另一方面描述語言與物種的滅絕、滿坑滿谷的電子垃圾、露天開採的蹂躪、地下水位的重金屬、村民被迫遷居、極地冰層融化，總令我痛心不已，它們是同一個現象的不同層面，同一個模式的必然結果，卻被呈現得像彼此毫無瓜葛。獲得庇蔭的全球少數人口，是因為地層全面下陷，而在某種翹翹板作用中升高的，而隨著整片地面下陷，地球所有賞心悅目的花園，所有琳瑯滿目的喜悅，連同我們形形色色的文化豐富性與多樣性，都就此淪陷。

儘管人類的技術官僚體系卓越，但我們仍和把蝸牛扔到馬路上，讓來往車輛輾破的烏鴉相去不遠。我們操縱形式與功能，但從未創造出任何一丁點生命、生物原基、本質。我們明白質能等價，試圖依自身方便來回轉換質能，卻無法憑空創造出兩者：我們只是在冰地上把曲棍球打來打去，便說我們理解了生存現象。

我們甚至無法宣稱自己成就斐然，因為藥物系統正持續讓人進入默許酒精、安眠藥、抗鬱藥、百憂解、電視、類鴉片止痛劑的狀態——任何能將工業社會的空虛與疏離驅散片刻的東西，在這工業社會中，我們是以中期的滅絕來換取短期的倖存。同時，有啟示效果的藥物會讓你被關進大牢，薩滿及其靈見都被扼殺在他們的森林、山巔、河岸邊。

我拿出格雷厄姆給我的旅遊地圖。從地形來看，鄉城位在一條黃褐色的莖幹中央，北方與西方是一片轉為濃深褐色的高地，青藏高原如樹冠般向外、向上擴展到北方各省，鄉城東方的顏色則低調轉為低地的綠色，濃淡變化不多，僅有幾條黃色的山脊皺褶，但高度還不及鄉城近四千公尺的一半。濃郁的土色調吸引了我的想像力，向海拔更高、離天空更近的北方飄去，進入廣大的平原與開闊的空間。高原自成一片大陸，一片神祕領域。我無意返回低地，回到我已經認識、去過或了結的過往。我沒有地方要返回，唯一的路是前方的路。

＊＊＊

傍晚我再度來到公車站，搭車前往更高、更遠的地方，沿著如轟炸靶場般轍痕累累、凹凸不平的路坐十二小時的車後，我就會抵達北方一百六十公里遠的理塘。雨沒有減緩的跡象，變成了這座宇宙的常數。我們駛出鎮外，在霧中下山。車頂的裂縫滴進髒水。公車感覺像被淹沒，變成潛水艇而非地面交通工具。一個快活的年輕男子向女友討她正在嚼的口香糖。女友從嘴裡拿出來後，他把它塞進車頂的縫裡止漏。她身上飄著菸味，風情萬種，穿著緊身牛仔褲和羊毛外袍。她又撕開一片口香糖，折進嘴裡，把紙扔在地上。裂縫的漏水轉而滴在走道上別人的麻袋上。

「嘿，老兄，」那男人問我，「美國是第一名，人人都知道。但我們是第二名，你說是吧？」

「沒錯，老兄，數一數二。但你對西藏獨立有什麼看法？」

「這個嘛，獨立對經濟開發……不是很好。你知道的，我們需要賺錢，就像其他人一樣。」他聳聳肩笑著說，「我的意思是，美國人會想到夏威夷應該獨立嗎？他們會想把阿拉斯加還給愛斯基摩人嗎？」

我們通過海拔四千七百公尺處的山隘，又在四千八百多公尺處通過另一個山隘。成片的雪鋪滿草地，天藍色的花東一簇西一簇盛開。一群牧民站在黑色蒙古包外。馬繫在田野上，頭在雨中低垂著。

前一天我才從新聞中看見，數百輛軍用卡車沿著之字形道路朝拉薩前進，現在我們就抵達了一處路障，一對軍人示意我們靠邊停車。一列就像電視中看見的卡車，從我們旁邊駛過：軍綠色的卡車，帆布下的軍人將步槍拿在膝蓋間，此外還穿插著幾輛綁有多箱設備的拖板車。我們坐著等了十五分鐘，接著是三十分鐘，然後一小時過去了。時間死去了，屍體在雨中膨脹腐爛。再也沒有所謂的時間、所謂的進步，只有卡車與槍枝與引擎的重複往返。卡車一連數小時隆隆駛過，彷彿會持續到天長地久。在電視新聞中，他們顯得豪氣干雲、乾淨明亮，頂著陽光耀武揚威地前進，但從這裡看來，它們不過是嗡嗡作響的機器，載著被雨淋得全身溼透、狼狽不堪的軍人，軍人手裡的槍瞄準著空無。

我們停在一群廢棄石屋旁，石板屋頂和土牆布滿裂縫。除了一間輪胎修理廠，這裡沒有明顯的人跡，修理廠的人一動也不動地坐在門口。公車裡的我們陷入一片空白的困乏中，像牲口般等著他們示意我們前進。在外面等太溼冷了。我做著白日夢，想像卡車通過時，我用槍打穿每輛車的汽缸，破壞它們的動能，迫使這些作戰用的車輛停下。

嚼口香糖的女孩蜷曲在男友身邊，像被下藥的白鼬。我起身在走道裡伸伸手腳。男子張開眼睛看著我，嘴上掛著有氣無力的微笑。

「小小耽擱一下。」他說。

「很常這樣嗎？」

「有一次我們還等了整夜，真是一點辦法也沒有。」

我抬頭望著車頂。我已經快出現幻覺了，眼前出現了成山成海被嚼過的口香糖塊，色調不一，幾乎形成了一幅設計，對某個問題或謎團提出答案，只是我不了解箇中真義，不明白一切怎會變成這樣。

我下車，冒著雨在一道空心磚矮牆邊小便。北邊有幾道崎嶇的山峰從雲間出現。儘管天寒地凍，一隻熊蜂在我腳邊的苜蓿花叢中勤快地飛來飛去。生命總是短暫脆弱，時時有不測風雲，但如今這世界的運轉已經飛快到我們無法以手掌握，在這個與下一個心跳之間抓牢。也許歷來便是如此。我拾起一塊磚在牆上寫字：他們要來傾斜你，斜角你……

我把紅色碎磚塊丟進牆裡，落在半被雪掩蓋的地上，然後走回車上哆嗦，等著軍用卡車通過，我們才能繼續前進。

一籃犛牛骨，中甸

一道門與傳統土牆，中甸

第七章
永恆之雨中的鄉城

中甸外的西藏僧侶

王家寺的佛雕

王家寺的西藏喇嘛

王家寺的喇嘛將糌粑混進酥油茶

茶與糌粑，王家寺

得榮北方的西藏屋舍

第七章
永恆之雨中的鄉城

理塘北方的道路

峻巴的西藏房屋

蘿蔔田裡拿著轉經筒的老人，峻巴

第七章
永恆之雨中的鄉城

甘孜南方景色

甘孜北方的路

甘孜北方路上的遊牧民族女性

第七章
永恆之雨中的鄉城

甘孜北方路上的游牧民族女性（戴著小帽）

摩托車在前往石渠路上的山隘

第二部

追憶遺忘中的世界

（西藏追風之旅）

*追憶遺忘中的世界

我們曾從公車窗戶向外看我們身在何方，去向何處。我們路經世界，世界也路經我們。但我們已開始不親眼去看，而是喀嚓一聲將影像印在螢幕上。我們在數位裝置的指引下，從一地到另一地、一點到另一點步行並思考，生活變得直線、二次元。時間迸裂、破碎，記憶被切割、磨細，如流沙般穿過指間。人生的緣分被演算法取代，我們被迫遷往虛擬大陸，在不斷變小的浮冰上，漂流於大海。

水壩阻斷河流，一與〇繼續流動。生活世界的色彩、時間、聲音、動作皆被吸走，重新處理為虛擬投射。書本消失在螢幕的平面亮光中。在大都會，數碼取代了藝術家與舞者，在排山倒海的二元碼中蠶食前進。其他人都負擔不起在無邊界阻礙、遍布全球的技術官僚帝國首都中生活。

那些裝置是太空時代的對講機：心照不宣的軍事性，沉著而靈巧，結合了老派作風與新潮銳氣。它們留下一路的麵包屑，餵養著從生物圈攝取營養、排泄出反烏托邦的怪獸，但因為它們妙趣橫生，所以永遠不會被捨棄。

調亮螢幕的潮流是來自水壩的渦輪機，來自拓殖地景、干擾鳥類遷徙的巨大風車。它們直通煤電廠，連接著核反應爐及其世世代代的毒廢棄物。

機器彼此交談，人的角色縮小為裝置的運送者。它們讓每個人操同樣的語言，有同樣的價值與消耗模式。閱讀、沉思、交談的傳統遭廢棄。幸福變成一種假手勢，萬般表情都被剪接成微笑。藝術經驗居次，圖畫或表演的點擊圖像才是主要。蒙娜麗莎形容憔悴，在密集的閃光中凋萎。

數位電網的守門人等同於國家領袖。世界變成傳科從未預見的圓型監獄。這是一種完美的監管勢力、一種優雅的權力累積。我們接受監管，就如我們接受地球的毀滅，遺憾但不可避免，抵抗日益減少。

我們希冀君主手下留情，不強逼威壓我們，但這願望顯然會落空，因為權力的累積難道不正是為了施展？我們僅能叉手祈禱，希望在源源不絕的矽鋁之流中，無所不在的方尖碑不會將目光投注在我們身上。

無人能挑戰虛擬帝國，因為所有通訊都要流經其電路。即使是抵抗的表現，也餵養著其電力系統。

跟上數位裝置的開發腳步是一項全職工作。機器告訴你要說生日快樂，你便說生日快樂，或去點擊它提供的圖標即可。心煩得一臉苦相的人彼此傳送微笑圖示，一面像救護車司機般奔忙於機械命令之中。

最後，群眾將再也沒有異議，對權威不加反叛，對少數人令人厭惡的巨富、褻瀆地球或對人民的普遍監視不做抗議——但不是因為懼於安檢機關、軍事化警力、資訊控管、威脅懲罰的暴力，只是因為再也沒人有空。

8

理塘

理塘位於四千二百多公尺高的一片連綿盆地的東角。雲影像遷徙動物般飄過平原。一座方樓的I形鋼骨高聳地立在鎮中心，更遠處有一條高速公路向西通往拉薩，公路邊緣的拱道繪有龍紋、漢字與藏文。

在穿過城鎮的大街上，兩側都有人半躺在大型機車上歇息，他們戴飛行員墨鏡與頭巾，穿著狐毛領羊皮袍，近似拉斯塔法里教派（Rastafarian）成員的長髮纏捲在牛仔帽下，髮辮中編有綠松石與琥珀塊。車子的煞車器、離合器桿及後座垂下彩色流蘇，後座載著一個漂亮的西藏女孩，只要可以就載著到處跑。前叉擦得閃閃發亮，有些還附升高成V型的手把，讓駕駛者的雙手能一路呈祝福或凱旋的手勢。

我走下街道，經過賣皮鞍袋、新潮後視鏡、銀飾與綠松石首飾、野生動物皮的店面，最後發現自己站在一間汽車維修廠前，幾輛摩托車在豔陽下發光，正停在那裡待售，前輪擺出帥氣的角度。

「外國人能買摩托車嗎？」我問老闆。

「當然，有何不可？」他蹲在一輛機車旁，旋開油管螺帽聳聳肩說。

「但合法嗎？」

「你要全新的還是二手摩托車？」

「二手的。」

螺帽鬆了，油流進碗裡。他起身在大腿上擦擦手，再從後口袋抽出一張薄片。

「喏，看見了嗎？這是眼前這輛摩托車的登記證。如果你想買，就掏錢，證件給你——交易就完成了。沒人會過問什麼。跟你說啊，我可以用便宜到不能再便宜的價格賣給你。我在這車上投下多少錢就不提了。這輛帥車接近全新，但我急需現金——急得不得了。」

那輛摩托車生鏽又凹陷，看來不夠完備到能發動的樣子。

「看起來並不很新。」我說。

「這兒的冬天酷寒。東西老得快。」

「這是一〇〇CC嗎？」

「一二五CC，但就它的尺寸來說衝力很強。」

「我再考慮一下。」

「不要考慮太久。很快就會被買走了。」

「我的人民幣快花完了。鎮上有銀行換錢嗎？」

「當然有。前面直走就是四川省農村信用社，你一定會經過，招牌上畫著一隻貓熊。」

＊＊＊

我上街朝銀行走去。一名凶神惡煞般的保全人員拿著獵槍站在門內。一對西藏夫婦抱著小嬰兒，正與鐵窗後的銀行人員交談。銀行人員將雙手交叉在腹部上高聲咆哮。那對夫妻驚嚇不已、瑟瑟發著抖起身，拖著步子離開。鐵條後的人示意我上前。「他們沒有任何擔保品。」我上前到窗口時，他抹去眼角的淚滴說道。

「看得出來那會成問題。」我說，「總之，我只是要來換一些錢，把美金換成人民幣。」

他向後靠，抬手調整了一下他的犛牛毛假髮，露出腋下的幾滴汗珠。「我們是縣轄機構，」他說，「我們歡迎你來開存款帳戶，如果你有……擔保品的話，也可以借你所需要的金額給你。但要換外幣，你得到開發與產業銀行去。」

「好，那開發與產業銀行在哪裡？」

「最近的一間在甘孜。」

「那還要往北走三百多公里。」

「那裡是唯一核准換外幣的銀行。不然我們怎麼知道你的錢是不是偽鈔？他們是能驗明真偽的有照機關。」

「好吧，有道理，但也太遠了……我是說，這裡有飯店之類的可以換外幣嗎？」

「我們正在建飯店。雪豹綠洲飯店。沿街走過去就會看見。四星級。它會提供外匯服務，當然是要收費的，會趕在奧運前開幕。」

「那可能還要再等一陣子。」

他搓搓肚子，撫弄襯衫上的一顆鈕扣。不論我口袋裡有多少錢，到月底他就能拿到薪水了，那是肯定的。牆上除了銀行日曆外空無一物。這個月的圖像是一座閃閃發亮的水壩，彎在河上發出銀光，四周圍著住在成排制式小屋中的幸福村民。我很好奇其他月份的圖像是什麼——也許是穿著乾淨白襯衫、微笑著從豎坑走出來的礦工吧。我聳聳肩，轉身走出信用社。

新飯店就是我從遠處看到的那座I型鋼大樓。它有十層樓高，寬闊的方形占了一整個街區。它在半空中硬插入一張電網，最後會聳立為一座堅固的長方形塊體。那群追風騎士看著我漫步走下街道，他們半躺在重型機車上，靴子踏在手把上，悠哉地張著兩腿抽菸，彷彿他們胯下有一串老天賜給大地的珍果。

我看見一個招牌寫著黑天鵝賓館，於是轉過去看看。在封閉的庭院裡，金屬竿上掛著要晾乾的衣服。一名年輕女子蹲在鋅盆旁手洗床單，披頭散髮但俏麗動人，T恤

第八章
理塘

的袖子高高捲起，露出強健光滑的臂膀，胸部上緣在領口起伏，黑髮如亂拍的海浪。她抬頭看我，平靜的表情中隱含著亟欲脫離一切的渴望。她穿著藍色緊身褲，大腿跨在水盆兩側。

「你要找房間嗎？」她看見我靠近時停手說。

「不，我在鎮上邊緣有訂房。我是來找地方換外幣的。」

「為什麼要換錢？」

「我要買摩托車。」我說。我很訝異自己就這樣脫口而出。

她起身看著我，用手遮著眼睛。一滴水從手腕流下，在指尖聚為圓形。買摩托車的念頭突然具體起來，有了內容和形貌，彷彿這名女子是將想法凝聚為行為的催化劑。

「你要騎去哪兒？」

「北方，到青海去。妳去過嗎？」

「我在那兒有朋友。我一直想去，但太遠了，路不好走。」

「我知道，但——我還是要去。」

「我問老闆看看。也許他肯給你換外幣。下午再回來。你是從美國來的？」

「對。」

「你什麼時候回去？」

「什麼？回美國嗎？我不知道。」

「你結婚了嗎？」

「沒有，妳呢？」

「我？我還得照顧我媽。反正我才二十二歲。不過我還是想去。你能……幫我取得美國簽證嗎？」

「妳想去美國？」

「對，只要幾年就好了，去賺錢。然後就回來。」

「妳想做什麼工作？」

「都好。掃地板、刷廁所。我不在乎。」

「住美國可不便宜。」

「我可以不花錢的。我可以住垃圾堆，然後回來變成有錢人。」

「我再想想。」

「下午回來，進來喝一點茶。」她說。「我名叫多瑪。我會去問老闆換錢的事。就在這兒等你。」

＊＊＊

「我愛上了一個美國女孩。」大錫說。

「哪一位？」我問道。

「每一位！她們都很酷啊，老兄，想想海灘上飄逸的金髮。」

大錫幾天前才從達蘭薩拉回來。他和多瑪是青梅竹馬，但他去印度的達賴喇嘛學校上了兩年課。他是敏銳、和善的年輕人，雙眼炯炯有神，唇上蓄了少許鬍子。我下午回黑天鵝時遇見了他，幾個人相偕坐在賓館當成大廳、起居室、廚房、餐廳、茶室用的小房間裡。

「你在美國是做什麼的？」大錫問我。

「我是吉他手，」我說，因為找不出更好的答案。這個答案也八九不離十，不過我已經好一陣子沒回美國了。

多瑪為我們倒酥油茶。她的姊姊索南正將大麥粉揉成麵團，她抬頭看了我們一眼。

「你是玩音樂的？」多瑪說。

「Cool, man.」大錫以英文說，將頭左右甩了甩。他不時會拋出帶印度口音的英文句子來。「我也愛吉他。我懂一些和弦。」

索南開口唱起了一首西藏民歌，輕快的旋律如高空鞦韆般在空中盪來盪去。

「來跳舞吧，多瑪！」大錫起鬨，「在我們成長階段，只要節慶時有踢躂舞比賽，都是她獲勝。」

多瑪甩了甩頭，用手遮住臉。然後她起身步入姊姊的歌聲中，隨著韻律搖晃擺動，彎出各種動作，儘管空間狹窄，手臂仍能伸直打旋。最後她突地鞠了個躬，坐下伸手在爐上取暖。

「來幫幫忙。」索南為麵團填料時，對多瑪說。

「妳們在做什麼？」我問道。

「饃饃，就是西藏餃子，包羊肉與韭菜餡。要花十五分鐘煮。你留下來和我們一起吃吧。」

「好。」

「反正外頭太冷了，哪兒也去不了。留在這兒和我們一起還暖和些。我們會一直開著電熱爐。」

我們圍在螺旋狀的電熱爐旁，中央散發著熱氣。多瑪啪一聲坐在我身旁下陷的沙發上，身體散發出她那個年紀不經修飾的率性活力。「妳問過老闆了嗎？」我問她。

「還沒，他今天沒來。明天吧。」

索南疑惑地抬起一邊的濃眉。她坐得直挺挺地，在彩裙和羊皮袍中顯得拘束而高貴。

「我得換錢，」我告訴她，「我想買一輛摩托車騎去北方。」

第八章

理塘

「啥！」大錫把雜誌丟到房中另一頭叫道，「什麼騎去北方？你瘋了嗎？沒有人騎得了那條路的，那就像……」他起身示範手臂上下震動的樣子，最後連腳都像踏著彈跳棒般上下跳動。

索南從櫥子裡拿出金屬盤給大家。我們伸手到鍋裡夾出冒著蒸氣的饃饃，麵團膨脹鬆軟，圍繞著肉團子擺放。

「我想去，」多瑪輕聲地說，眼睛盯著電熱爐橘色的螺旋狀火光，「我也想去……去青海……去美國。」

我想像騎車載著多瑪穿越西藏，她的髮絲狂亂地糾結，粗糙生猛的青春貼著我穿越粗糙生猛的景色，不過我想像她坐著的地方，其實是我得用來繫背包的後座。我夾滿一盤饃饃，配茶囫圇吞下時，像隻被刀抵著喉嚨的青蛙掐著聲音說：「妳可以坐後座……如果妳想去的話……」，儘管其實我沒後座、沒摩托車，也沒有錢。

屋裡的每個人都認真起來，像踢毽球般來回應和。是啊，她鐵定會跟我走，毋庸置疑，這提議太慷慨了，很有一個好萊塢吉他手的作風，但她還得考慮到她母親。

屋外的日頭已經落下，風像條冰冷的鞭子在空中揮打。「我要回旅館了。」

「明天再來啊，」索南說，「我們再喝茶吃饃饃。」

「你有事要辦嗎？」大錫問道。

「我不知道，沒有吧。」我說，突然覺得疲倦已極，可能是緯度、寒冷、路途的關係，還有騎摩托車穿越西藏的可能性與不可能性。
「嘿，老兄，」他說，「我們可以一起混。來我家吧。」
「聽起來不賴。」
多瑪站在門口看著我或我身後，我分辨不出來。
「明天見，」她說，「可以叫我出來。」
「妳的電話號碼幾號？」
「不用，只要到大門口喚我一聲，我就出來了。」

＊＊＊

新鎮沿著高速公路兩旁興建，一律是一兩層樓高的水泥樓房。原本的村子是沿著斜坡兩側往上建的一群低矮土房，喇嘛寺位在山丘的高點。隔天早上，在前往大錫家的路上，寺院裡傳出鼓、鑼、號角的刺耳聲響。我穿過微暗的佛堂，經過一列列閉著眼專心低誦的僧侶面前。煤油燈從柔光中飄出煤煙。一名做古早打扮的婦女蹲在門口，靠著石牆細聲唱著古怪的悼歌。

大錫家的房子蓋在畜欄上方，畜欄裡養著雞、羊，還有一隻溫馴的大犛牛。大錫出來迎接我，我爬上梯子，鑽進一道鈷藍色的門。屋裡沒有家具，沒有雜七雜八的物品，幾乎是家徒四壁，彷彿屋內空間是以屋外的空曠地景為榜樣。鐵爐上擺著一只大茶壺，牆上掛著十來支閃著銅光的鍋壺，此外沒有桌椅。我們坐在地毯上，大錫將茶倒入茶碗。

「有事嗎，大錫？」我問道。

「沒事！只是沒事做。我花了六週才從達蘭薩拉回來。走那條路旅行是行不通的，你知道嗎？政府不讓我們離開中國。我們得像班禪喇嘛那樣偷偷潛進潛出，越過喜瑪拉雅山，在雪中躲開警察通過高山關隘。你們西方人真是瘋了，以為那很好玩，他們把這叫做苦行。」

「你喜歡達蘭薩拉嗎？」

「喜歡啊，印度是自由國家，想說什麼就說什麼。我在那裡得知了在這兒沒聽過的事——政府如何將中國男人送到西藏，資助他們做生意，鼓勵他們娶藏族女人並生孩子，然後整家人就被歸為漢族了，連藏族妻子也不例外！他們想用這種方式讓西藏人從西藏消失，不費一兵一彈。我從老一輩的喇嘛那裡聽說了更慘的事，他們曾和解放軍打仗。這裡沒人告訴我們那些事，關於監獄、刑求、死亡、數十年的飢餓，以及政府如何炸毀寺廟的事。下週我要再去成都一趟，辦美國簽證。」

大錫將更多茶倒進碗裡。我很好奇他能否到得了美國，如果成行又能改變他什麼。

「你從小路上去過甘孜嗎？」我問他。
「你是說穿過峻巴那條路？」
「對，我想買一輛摩托車，從那裡騎上去。」
「什麼！你還在講？我的朋友啊，你根本不知道那條路是什麼鬼樣。」
「路況不太好喔？」
「全是泥巴和石頭──根本不能稱之為路。你不會想騎那條路的。如果你的車沒有先解體，那你的骨頭也會散架，骨肉分離。」
「我已經厭倦從一點坐公車到另一點了，那樣只能到達我沒辦法自己走逛的城鎮。」
「如果你想換個角度來看這地方，我可以帶你到鎮外那條路上的寺廟。」
「好啊，走吧。」
我們爬下梯子，走回鎮中心。
「老兄，我要如何才辦得了簽證去美國？」
「這個嘛，你知道的，我自己根本不需要辦。我在政府當局也沒什麼人脈。也許你這次會成功的。」
「是啊，也許吧。嘿，來到黑天鵝了──要不要邀多瑪一起來？」
「她不是正在忙？」

第八章

理塘

「才不呢，可以休息一下。」

多瑪正剝下床單拿去洗。一看見我們，她就把床單丟成一堆。我們出門時，她酷酷地向姊姊點了點頭。索南瞇眼看著我們，不發一語。

我們上街，走到鎮上三輛計程車中的一輛停車的地方，車門全是開的，司機睡在車裡。大錫搖醒他並坐進前座，多瑪和我坐後座，我們就這樣駛出城鎮邊緣。她很快取出一根菸並搖下窗戶。

「我姊不喜歡我抽菸，所以我得到外頭抽。你喜歡喝啤酒嗎？」

「偶爾會來一罐。」我說。

「喝啤酒很能放鬆。」她說，「你到青海後要去哪裡？」

「我在首都有一份工作，要為一部電影寫配樂，」我說。玩吉他寫音樂的傢伙似乎是另一個人，另一個我，在前面、後面、遠方，他方，就是不在這裡。

「真希望我能去。」多瑪說。

「欸，我們到了。」大錫指著前方說。

兩座山丘的鞍部立著一座有外牆的寺院，路從那裡轉向另一條排水溝的方向。我們下車，司機靠著車頂等著。

「嘿，」大錫說，「想不想爬上山脊，看看洞裡的聖龕？」

「當然好啊。」我說。

「我待在這兒。」多瑪說，她靠著寺院的牆坐下，腿直直往前伸，抬著下巴，讓陽光像愛撫般落在喉嚨上。

針葉樹林的邊緣有繩子吊著一列白色經幡。小路沿著隆起石塊的皺褶轉而朝上。小洞窟中與凸出岩石上的聖龕擺著神明圖像、蠟燭、香、一點酥油與糌粑，但這獻神供品已經被老鼠或狐狸偷襲過了。我們點香，留下幾塊當香油錢，然後開始爬上山峰正面。底下的理塘是灰色街區形成的一道疤痕，後方的地面向上並向外開展，成為一片綠色與褐色的灰泥地。往拉薩的高速公路穿過鎮上，經過龐大格狀的公營飯店，再如車輪輻條般直穿盆地。兩三輛卡車緩緩駛向遠處的地平線，如廣闊盆地中的小甲蟲。前頭的高速公路會與二一四國道相交，那條國道仍從我在雲南經過的地方向北彎，但在這裡的高原平坦地區，沒有把岩石切成路基的蠻力跡象。

風刺進我的衣服，彷彿亟欲把我帶走。走回大門時，我們發現多瑪正和老喇嘛談話，我們跟著他穿過傷痕累累的大門，進入寺院的土牆。

院內一側有畜欄，散發出乾草與牲畜的氣味。另一側有兩頭西藏藍熊，被重重鎖鏈綁在柱子邊，皮毛凌亂而健美，奶油與巧克力色的毛皮透出金光，肩頸間有一塊白色三角形，覆有嘴套的臉上帶著溫馴、和善的表情。西藏藍熊屬於遍布亞洲、中東、北歐、西伯利亞、北美的棕熊中的一種，灰熊也是其中一支。牠的別名很多，又稱為喜瑪拉雅雪熊、西藏棕熊、馬熊等。

兩隻熊在短鍊窄小的範圍內笨重地移動，起伏、滾動的軀體本身就是一片地景，一片肌肉與骨頭的地景。那就像你把山脈鍊住，把青藏高原鍊住，限制並束縛大地的變遷與流動。牠們身體裡有種永遠不會向鐵鍊屈服的東西，使得囚禁成為悲劇。

我們所有的動物園與牢籠啊。

喇嘛的目光和善而悲傷，彷彿他希望解放塵世中所有的熊與人類。「這兩隻熊還小的時候就被盜獵者捕獲，」他告訴我，「被當成寵物養在成都。但後來長得太大，自然養不下去了，就帶來給我們照顧。因為牠們是圈養長大，沒有自行捕食的能力，所以不能放回山野。」

喇嘛帶我們穿過立有土造佛像與木雕的聖堂，煙霧瀰漫的聖壇點著酥油燈。多瑪一路喃喃唸佛，虔誠得令我訝異。

兩隻熊在泥巴裡打滾，懶洋洋地用爪子抓著彼此。太陽下沉，寒氣開始籠罩。「我們得走了，」多瑪說，「天色晚了，我還得洗床單呢。」

＊＊＊

鎮上有六間摩托車店。我已經放棄了多瑪的老闆或其他人能換錢給我的希望。到頭來，我只買得起一輛破破爛爛但看來還堪用的機器，排檔桿與腳踏板的橡膠已經脫落，油箱有缺口又凹陷，但我不在乎。

這間店是一個名叫小張的年輕人開的，他是來自國土中央的低地人。我不知道他何以流落此地——也許政府給了他創業貸款和幾張西藏女孩的相片，他便冒著咆哮的寒風勇闖高原了。小張瘦而結實，像條離合器線，從雙手到手肘都沾滿了油漬。

「這多少錢？」我問他。

他提了一個價格。

「太貴了。」我說。

「少來，美國先生，你買得起的。這輛車很讚，給你看看。」他轉動鑰匙，彈起踏板軸，重重踩下去。引擎轉了一下，但並未啟動。他又試了一遍，結果還是一樣。他加重力道往下踩，流汗並咒罵起來，催了催油門，壓緊風門，引擎才終於啟動，噗噗地進入待機狀態。

他喘著氣，抹去臉上的汗水，在額上留下一條黑線。

「看起來一上路就垮了。」

「不會，這輛車可以跑個幾千里。我自己試過。說得再多也沒用——你騎騎看就知道了！」

我騎上路面，追風騎士們鄙夷地望著我，或擺明了覺得無聊，他們戴著墨鏡，閃著金牙，坐在裝飾流蘇的摩托駿馬上。那輛車跑起來像餓昏了的山羊，東倒西歪地發出低鳴。離合桿油膩膩的，但認真起來，煞車還是管用的。反正誰會去考慮煞車的事？我滿腦子買摩托車的念頭，細節已經不重要了。

我開始討價還價起來。小張表現得像被冒犯似的，但仍讓我講價。我們最後談定了價錢，我剩下的當地貨幣大多花在這輛車上了。

他把登記證遞給我，喜孜孜地揮手送我離開。

天啊，我想，我給自己買了輛重型機車。

我騎過道路又折回，把車停進黑天鵝的院子時，車子發出吵鬧的回火聲，多瑪和她姊姊從起居室走出來。兩人搖著頭嘰嘰喳喳起來。

「你什麼時候要走？」多瑪問。

「再兩三天吧。妳母親還好嗎？」

多瑪沒有應話。她站在那裡盯著車看，它灰撲撲又生了鏽斑，但仍在運轉，閒閒地等著一場即將成形的旅行，只要加上方向、催動油門就行了，在核心爆發的微小火焰驅動著它前進。

＊＊＊

我被拍門的聲音吵醒。天色猶暗，天寒地凍。大概是瘋子吧。我才不管，下床太冷了。最好不要出聲，那只會刺激對方。床上是一片軟玉溫香。我等著這瘋子離開，好溜回睡夢中。

「史考特，嘿！開門，快點，老兄，你瘋了嗎？！」

原來是大錫。他繼續拍門大叫。

「好啦，好啦，我來了。」

我放他進來，他進門後坐在床沿。我坐在他旁邊，將毯子拉到肩膀。「怎麼了，大錫？」

「你把摩托車留在黑天鵝那裡過夜對吧？我今早去看過了。那輛車絕對騎不到甘孜的。你不知道路況有多糟。你辦不到的。你會送命。」

「太遲了。我已經買了，總要試試才知道。」

「你要買摩托車怎麼不告訴我？」

「我講過了！這三天來我不是都在講這件事嗎？」

「我以為你不是認真的。聽著，咱們這麼辦吧。我認識的一位喇嘛正要賣機車——比你那輛破車好了不知多少倍。我們把你那輛車牽去店裡還，然後你去向那個喇嘛買車。」

「那傢伙不會這麼容易把錢還我的，大錫。」

「交給我。我們走吧。」

第八章
理塘

「上哪兒去？」

「到你買那輛破車的店裡去！走吧！」

「現在？這麼早，人家店門都還沒開。」

「來就是了！」

我穿上衣服出門。大錫充滿朝氣與活力，親切地跟每個人打招呼。準備開店的商家打理著當天的貨品。男人坐在餐廳隔間裡喝茶，為禦寒而將羊皮袍拉得嚴實。我們將那輛丟人的摩托車牽出黑天鵝，一起在街上推著走。

車廠的鐵捲門還關著。「就是這兒？」大錫說。他把耳朵貼近鐵門聽，然後彎身把門往上拉開走進去。我們鑽進門裡，站在油味瀰漫的陰暗中。後面的角落中，有名女子蹲在煤火旁。

「小張人呢？」大錫問她。她面露驚恐，在半明半暗中，她的臉看似一輪煤月。她指指一個門口。我們穿過短廊，盡頭有一個四腳梯。大錫踏上梯子，讓自己的胸部與小張窩在髒床單中睡的閣樓一般高。

「嘿！嘿！起床！」大錫啪一聲開燈，螢光燈泡亮了。小張皺著眉頭四處張望，滿臉困惑。

「你騙了這位美國朋友！」大錫說，「你賣他一輛爛貨，根本哪兒也去不了。你是想殺了他嗎？如果那東西在一無所有的荒野拋錨要怎麼辦？你怎麼一點商德也沒有，你這個賊！還錢來，馬上還錢！」

小張不解地眨眨眼，眼角帶著眼屎。「你在說什麼？那是公平交易。我又沒強迫任何人買東西。」

「狗屎！這個美國人是國家的客人。你連一點尊重都沒有。你明知那輛機車出鎮後連第一個隘口都騎不到。」

大錫伸手拿走小張擺在床邊的國民身分證。

「我要把你的證件拿走，」大錫拿著它，像把刀揮舞著說，「你還錢後我再還你。好了，這下你要怎麼辦？」大錫這個想去美國、留著根本不用修的小鬍子的和善小夥子，瞬間顯露出凌人的盛氣。

小張雙手捂著眼睛哼道，「到前面等我，我一會兒就來。」

我們在外面等。大錫把鐵捲門全拉開。女人從角落望著我們，攪著火爐上的鍋。我們把摩托車牽進來。我給大錫登記證。小張從閣樓下來，彷彿受了傷，垂頭喪氣的樣子。他的頭髮翹得亂七八糟，活像頭上頂著一隻屍僵的黑雞。

「這樣是不對的，」他說，「我們可是公平交易。」

「少來，登記證在這兒。還錢來就對了。」

「我花在這車上的時間怎麼算？」小張說，「我為他清理了那輛車，把煞車弄緊，把油加滿。我還讓他試騎。那會耗油的。我還得吃飯哪！還得給我老婆吃飯哪！

哪能全這樣還了！」

「那倒是真的。」大錫平靜地說。

最後他們討價還價，商量小張投入的時間值多少錢。小張扣掉幾元後退還了車錢，大錫才將他的身分證和登記證還他。我們步出車廠離開。小張盯著我，目光帶著陰沉的恨意。

店舖都開了，街上在行人、摩托車和馬的來往中甦醒。雲間縫隙透出絲藍的天色，片狀的天光在盆地上輪轉。

「老兄，你看見了嗎？」大錫說，「我就這樣拿走了他的身分證，哈！我們去找多瑪喝杯茶吧，是她要我幫你的。」

「大錫，路況真的那麼差嗎？」

「相信我，老兄，你如果騎那輛破車，還沒到峻巴你人就掛了。沒人幫得了你。晚點我們去找那個喇嘛。他那輛車像樣多了。」

「我的錢不夠買像樣的車。」

「你們再商量商量。」

我們一起走下街道。溫和愉快的大錫回來了，他那有如刺青馬熊般的銳氣收了起來。我很感激他的幫忙，但我們對待小張的方式令我沮喪無比——他不過是想安撫肚皮老大的小人物罷了，勉力糊口，遠離家鄉，鎮日泡在油漬與備用零件中。

＊＊＊

當晚，一輛摩托車駛進黑天鵝的庭院停下。兩名裹著羊毛袍的喇嘛來敲門。眾人與我走出屋外看車。車子的引擎乾淨清爽。一位喇嘛按下電源，引擎隨即啟動。那輛車停在那兒，像一則有待掌握並驅使的念頭。輪胎很新，鍍鉻手把沒有鏽斑，油箱上的紅漆也未剝落。

「這本來是一個牧人的車，」戴粗框眼鏡的年長喇嘛說，「他在高原上牧羊和犛牛用的。他把車賣給我，但我要去印度了——所以就拿出來賣了。」

我在黑暗的街道上下騎了一回。那輛車的每個部分都很牢固，感覺眼前的萬里路已經蓄勢待發。除此之外，我相信是命運帶給我這輛車的，從喇嘛手中獲得又比從別人手中獲得更有福報，彷彿所有機件與輪胎都因此福星高照。

我回到黑天鵝下車。大錫、多瑪、索南站在那裡看著摩托車，等我開口，引擎在冷天中冒著蒸氣。

「我的當地錢幣不多。」我說

「我要出國了，所以我可以收美金。」喇嘛說。我們談定交易。喇嘛給我登記證，我給他一些人民幣和三張百元美鈔。他在黑暗中盯著紙鈔看。

「這是真鈔吧？」他問我，「我從來沒見過美鈔。」

第八章

理塘

「美國政府印製，正港的真美鈔。」我說。

「這輛車很好，」大錫說，「你買這輛就對了。」

「你什麼時候要離開？」索南問我。

我四處張望，發現多瑪已經不在身邊。陰暗的院子空蕩蕩的。我只要拿一條彈力鉤繩，將背包繫在後座，就能馬上上路。

「明天。」我說。

9

峻巴

梭羅說，人必須相信自己並未生不逢時，因為我們所知的世界始終正在消逝。

清晨，我將背包繫在摩托車上，騎向北方的理塘。我上坡前往關隘，小鎮則縮進盆地一角。雨幕斜斜地籠罩遠山，遠處山峰的脈理交錯著一道道陽光與雪。上坡到一半，雨勢變強。在一週的晴朗之後，這趟追風之旅才起步半小時，不會好巧不巧就開始下雨吧？但管他的，該來的總是要來。我已經把所有衣服都穿上禦寒了：雨衣、幾件襯衫、襯褲。除了繼續騎車，我沒有其他事可做，風門與煞車桿上的雙手紅腫，眼鏡被雨點打得視線朦朧，褲子也溼透了。我在大雨和灰霧中成功登關。標示寫著海拔四八三二公尺（一萬六千英尺）。雨變成雹，冰彈在胯下攏聚。

從山隘下坡後，摩托車在寒冷的融雪中打滑甩尾。我不停顫抖，身體麻木，像隻石化的猴子般抓牢車子。冰雹在褲子的拉鍊皺褶中融化。我很納悶自己到底在近五千公尺高的山上做什麼，我什麼也不知道，只知道沒有什麼比在西藏騎摩托車時融化在褲襠上的冰雪更寒冷。

第九章
峻巴

道路蜿蜒而下，進入山脈之間的平原。眼前不見任何村鎮，除了平坦的谷地、樹林及遠處的山脈外，空無一物。但在叉往峻巴的小道口有一個圓型大蒙古包。在這杳無人煙的地方，竟鬼使神差地開著一間餐廳，成為目光所及的唯一人跡。我把車停在兩輛四輪車旁，蹣跚地走進餐廳取暖，烘乾衣服，尋思要如何避開失溫喪命的風險，繼續北行。我飽受寒雨摧殘，抖個不停，眼前一片霧濛濛。儘管我看起來像個危險的狂人，又或者正因如此，店家給了我一杯茶和火柴爐旁的一個位子。我拿下起霧的眼鏡四處張望。一群人坐在大桌旁，桌上的湯碗和骨頭疊得老高。我啜飲著茶，把眼鏡擦乾淨，抬起頭時，我注意到一名西方女子對我微笑。

「哈囉，你要去哪裡？」她問道。

聽到英文嚇了我一跳，也因為她的髮色深，我又有些眼花，所以如果她沒有出聲，我可能無法從她的當地人夥伴中認出她來。

「噢，嗨……我要向北走……從小路往上穿過峻巴到甘孜。」

「我們才剛從那兒過來，」她說，「你有車嗎？」

「沒有，我……騎摩托車。」

我感覺自己像個瘋子，奮不顧身地在雨中隻身前進，既沒戴手套，也沒穿雨褲，騎在我不認識的路上，而非像她一樣舒舒服服地坐在車裡，聽專家們詳細解釋這個地方的歷史與風土。她是為探索（Discovery）頻道撰文的記者，來這裡寫青藏高原的原生植物，例如在西方花園裡已很常見的杜鵑花，文章後來以「花園之母」的標題發表。她有司機、口譯、導遊、教授等一隊人馬陪同，蒙古包前停著的就是他們的兩輛休旅車。其中一位教授是植物學家，文化大革命時曾花兩年時間走遍青藏高原探勘植物。當時他差點餓死，但他眼神發亮地告訴我：「你離開峻巴時，會看見世上最早的一種蘋果樹。」

打在蒙古包頂的雨聲變小了。餐廳不收我的酥油茶錢，可能是想到我的死期不遠，到時還得從我的口袋搜刮零錢來辦葬禮吧。我們互祝彼此好運。我將門口的布簾拉開，步入一團綠光中，藍天破雲而出，陽光從烏雲邊緣灑落。道路朝北穿過閃耀的金色山谷。

離開理塘後就沒有公路，只剩下山丘間的曲折土路了。但如今沿路有一條穿過電線桿的電線。我放空心思一路北騎，腦海胸中都是一片空白，等待世界灌入。我心裡充滿了平凡無言的幸福，為自己仍在活動、仍然活著而感到快樂——我的追風動力依舊完好如初。山谷斜臥在隆起的山丘間，谷中可見點點羊群，如地景上的一球球白色棉團。沿著路邊騎馬的兩名馬夫帶著一對犛牛，拉著一車木柴與宰好的羊肉。在山腳的一群屋頂塌陷、牆壁傾圮的廢棄土屋旁，游牧民族搭建了幾頂黑帳篷。

小路左彎右拐，穿過開滿藍色野花、小河潺潺流過的高山草原。溫暖明亮的陽光恣意揮灑。在溪流穿過小路的森林空地，我停下車，脫下衣服曬乾，跳了一會兒吉格

第九章
峻巴

舞。晾在機車手把上的長褲冒出蒸氣。

上路後，我開始路過一簇簇堡壘般的屋舍。有些像城垛般盤據在峭壁高處，有些則建在幾乎垂直的牆內，令我想起美國西南部阿納薩齊人（Anasazi）的村莊廢墟。日益壯大的村子位在從高峰間蜿蜒而下的山谷裡，向外開展為一條條寬闊的果園與田地，古老的大橡樹沿著銀藍色河流的岸邊生長。

沿路都有村民在屋外清掃街上的樹葉與砂石，以備某個政府代表團的蒞臨。我騎過他們身邊時，人人都笑著向我揮手，有些老人還循古禮向外張開手掌打招呼。離峻巴還有一公里多時，兩名年約十八歲的西藏女孩招手要我停下，兩人手裡都拿著當掃帚用的一捆枝條。

「嘿，先生，我們能坐你的車到峻巴嗎？」

「沒問題，但我的背包在後座，已經沒空位了。」

她們笑著爬了上來，跨坐在背包上，坐前面的女孩從背後伸手圈住我的脖子支撐。

「你要留在峻巴嗎？」她問，「等到了我再告訴你哪裡可住宿，然後你可以到我們家的餐館吃飯。」

我們順著路抵達峻巴，一群斜斜的木造房屋，一座被遺忘的村莊，位在兩谷會合的接縫中。我停在女孩家開的餐館前。她和朋友從摩托車後座翻身下車。女孩的母親走出來，把嬰兒抱給她，她把小嬰兒抱進懷裡時親了親他。

＊＊＊

我沿路跟著單股電線騎進峻巴，但那彷彿是時光倒流，而非前進。接著電線分成幾股，連向住屋與店舖，每個接合點都變得更細，但反正這裡的電力不時會中斷。

峻巴沒有自來水，沒有室內廁所，幾乎沒有人造光源。這裡的追風騎士不像理塘的摩托車手那般淡定，作風也不那麼講究，彷彿懶得出力或根本不想理會。他們躺在雜貨店外的摩托車上，帶著胸無大志的微笑，猶如世上最大罌粟田裡的毛毛蟲，大口大口地嚼著食物，店裡賣包裝沾了灰的泡麵。一桌麻將吸引了十來個旁觀者。一群男孩將家用撞球桌搬到街上，拿石塊墊平，在細雨中拿彎曲的球竿和凹陷的球打撞球。街上的馬比機車和牽引機還多，而且買不到汽油，只有一間店裡擺了一排汽水瓶裝的綠色石油。

那個女孩的家是用粗紋木材拼合而成的，是峻巴唯一的餐館，屋裡擺著簡單的木凳木桌，當天有什麼食材，就做什麼餐點。我坐下喝茶，村人們全圍了過來，多得溢到街上，在我桌邊推推擠擠，對我寫的日誌指指點點。你看！他又在寫了，你覺得他在那書裡寫什麼？好奇怪的字喔！他怎麼不買一本印好字的書呢？

第九章
峻巴

女孩開朗而生氣勃勃地忙進忙出，呵呵笑著在我碗裡添茶，又帶著微笑回廚房看爐子。她父親坐著轉動手指上的金戒，每隔幾分鐘就喚她拿東西給他，或要她去廚房做事。她工作時將小女兒揹在背上，但她自己也很年輕，看起來稚氣未脫。

人群邊緣的一名獨眼老人靜靜地旁觀一切動靜。三合板牆上釘著聖徒與親朋好友的相片。在區分廚房與用餐區的隔板那頭，女孩大聲問我叫什麼名字。群眾安靜下來等我回答，連那名癱軟的老人似乎也側耳，將未盲的那隻眼睛轉向我這裡。我說出名字時，他們都搖搖頭，彷彿那名字再奧妙不過。女孩從門口現身，儘管做著苦工，她還是精力旺盛地說：「史考特，你走的時候，我可以跟你一起走嗎？」

她連問也不問我要去哪裡。群眾默然不語，她母親殷切地看著我。「好啊，我們走！來去舊金山！」我說，心裡明白她不可能走，我也不可能帶她走，而她也知道這點。

她笑了一下又回去取水，把女兒留在裡間。她母親搖著小寶寶，比手畫腳地表示，如果我能帶女孩走，可以不用擔心嬰兒的事，她會照顧她。

整幅景象令人心碎：西藏人想去美國，美國人則想來西藏，在兩者間有數不清的來回與迷惘，如一群以「除了這兒，哪裡都好」為座右銘的離散族群。我想給問我如何去美國、能否幫幫他們、能否給他們自由的所有親切和善的人們一個擁抱——他們渴望物質來源穩定一點，不要被政府射殺、監禁或迫遷。在這同時，美國卻在全球各地散播槍枝彈藥的邪惡種籽，以成隊的警力對付本國人民。

門邊出現一陣騷動。村裡的校長來了。他有一張和善、明智的臉與平靜的眼神。他握住我的手，彷彿盼我到來已有多年。

「很榮幸見到你，」他說，「可以請你來參觀我們學校嗎？我們學生從未見過美國人。」

那是集體勝利的一刻，人群在我們踏上通往學校的山路時爆出掌聲。在U型建物包圍的大院裡，五、六十名學生正圍成鬆散的圓圈，練習跳西藏踢躂舞，在搖擺的節奏中前傾或後傾身子。圓圈中央的女子拍手並唱出旋律來指導。孩子們跳上跳下，以翹翹板般的動作來回晃動手臂與身體，屈身下蹲，再向天空躍起，手臂如鶴翼般外張，由於羊皮袍的袖長及地，所以他們頻頻揮舞展袖。

「你瞧，」校長說，「孩子們都是從幾里外來的，每次來就得在這裡住好幾個月，遠離自己的家。我們每天都在教他們西藏語言與傳統，以免他們日後遺忘。」

孩子們蜂擁到我們身邊，問我有多高。我說一九八公分時，他們驚呼，「和喬登一樣高耶！」真不敢相信，就像芝加哥公牛隊來到鎮上一遊。

「你打籃球嗎？」校長問。他突然拿出一頂球帽戴上，帽沿壓低到雙眼上方，和兩個老師、兩個較大的學生組成三比三的兩隊比賽。我們在土院裡打一顆半癟的球，把球拋進一根竿子上的金屬環裡。孩子們包圍著我們歡呼拍手，每次我一碰到球，他們就大喊：「灌籃！灌籃！」峻巴上方的山脊豎立著黑色大松樹，兩條河在鎮上匯合，有如過去與現在，或過去與未來，或後退與前進的交會。我以盲傳球的方式，將球傳給同隊的老師，但球從他頭上彈開。校長從無人守球的邊緣處，投了一記很狂的勾射，但球擊中球框，砰地一聲掉落。沒人在計分，我們其實也不記得誰是哪一隊的。我們比較像在跳踢躂舞，而不是打籃球。我們有如在一條海岬上打球，拍打的海浪就是犒賞與勝利，只是這裡的海浪是以億年為單位循環的岩石山脈。

＊＊＊

清晨醒來後，我急著找公廁。我迅速套上衣服與靴子，奔下大廳，經過如受苦靈魂般灰枯捲曲的成堆根莖植物，穿過暗門與梯子到屋外街上，再穿過兩棟房屋的縫隙到河邊。我走過以繩綁緊兩根木頭搭成的橋時，看見那天在餐館外的那名獨眼男子，正蹲在廁所門口。他不可能是在那裡解放吧，我想。但他見我走過來，便起身繫好褲帶，拖著步子過橋了，留下草叢中的一攤稀糞。你不能怪別人不想進公廁排泄——公廁是牆面傾圮的一片泥巴和糞便溼地，到處都沾著糞便，你得走過結了一層乾糞的木板穿過一團髒汙，來到渠道式的便池，即水泥地上一隻腳板寬的縫隙，噁心的臭味四溢，蒼蠅嗡嗡飛舞。

我走回房間時，學童們正拿著垃圾桶到峻巴的垃圾場去丟垃圾，那片令人作嘔的垃圾堆就在河堤上。我看見他們歡快地叉起粉紅色與藍色塑膠袋，丟入流過平靜山丘的銀灰色河流時，心臟病差點發作。

「嘿，你們幹嘛那樣做？」我問監督著孩子們的老師說。

「什麼意思？」

「你們把塑膠袋丟進河裡了。」

「不行嗎？」

「那是汙染，這樣不好。」

「對誰不好？」

「呃，對魚不好吧？動物也可能把塑膠袋吞下肚吧？」

「你確定嗎？」

「那是工業製品，有毒的。它不屬於這地方。」

「他們都用塑膠袋賣東西給我們，那我們要拿這些袋子怎麼辦？他們告訴我們不能焚燒塑膠，賣了的東西也不能換，東西賣掉後，他們就不再回收塑膠袋了。」

「是啊，但它可不像麥殼或玉米軸，它是不會腐化的，擺一千年都不會腐化。」

「那在你的國家，你們用完塑膠袋後怎麼辦？」

「我們會丟進垃圾桶。」

「我們也是這麼做啊，然後再把垃圾桶拿到這裡來倒。我們付不起錢請人帶走垃圾，也沒有理由掩埋垃圾，那只會把問題留給別人。你們會把垃圾桶拿去哪裡倒？」

我希望自己能說，垃圾都拿去回收了，乾乾淨淨地回到不會洩漏毒物或汙染的系統內，但在工業化國家，處理廢棄物要花幾百萬或幾十億元，而且還解決不了問題，往往只是運給經濟落後的國家處理罷了。要求這座十九世紀的村子表現好一點，似乎不太公平。峻巴是販賣塑膠製品的市場，但沒有人提供使用完畢後的處理方法。處理垃圾沒有利潤可言。

西藏師生不受樹木美麗而塑膠醜惡的觀念束縛。他們似乎將兩者視為他們世界中的相等元素，人類設計與大自然之間沒有一絲衝突。我是唯一深受那種明顯的對立困擾的人。

＊＊＊

清晨，女孩給我一碗乾糌粑當早餐。我舀起水泥般的糌粑吞下肚，她和她母親很快地收拾好箱子和提袋，準備到理塘去，她們在那兒找到了某種臨時工作。她們忙進忙出，準備動身，沒有時間和心思開玩笑，或幻想著和我一起走，到另一個世界、到美國去。

一輛平板貨車停在餐館前。他們抬起家當放上貨車，包括幾把枝條掃帚，然後爬上車和其他人坐在一起。女孩坐在最後面，雙腿吊在車外盪啊盪，嬰兒則抱在懷裡。她對我微笑，但很快就垂下目光。再抬頭時，她臉上布滿陰霾，但貨車搖搖晃晃地開走前，她都不再別開臉。我滿腦子瘋狂地想追上去，抱住她掛在車邊的雙膝，把她從貨車上抱下，然後說，好，跟我走，我們上路吧，到哪兒去都行。她的臉皺成一團，表情五味雜陳，混合著愛與憂傷，不論是離家或永遠困在家鄉，一定都有令人心碎的地方吧？我站在路中央望著貨車，就在貨車轉彎消失的前一刻，她揮手並拋了個飛吻給我，另一手將女兒抱在胸前。

＊＊＊

我繫好鞋帶，將背包繫上摩托車。山谷在一週前淹水，從峻巴向北的道路布滿河草與泥濘。我將摩托車推過深及小腿的泥巴，到達村子遠處的斷路時，已經滿身大汗。一棵枝條蔓生的古老大樹垂下葡萄大小的野生蘋果。我撿起一顆扔進嘴裡。味道又苦又嗆，但我還是嚼過吞下，然後發動引擎，騎上山谷前往甘孜。

10

前往甘孜之路

土路在峻巴北方轉變成柏油路，一條閃閃發亮的黑舌。我轉了個彎，看見一輛工程車擋住前方的路。一輛載重吊車正在架設通信桿，一棵樹身附金屬耳的合金樹，天線如一根直指天空的針。為天空打針。誰知道天上會不會降下什麼疾病或劇變？一名男子挪動駕駛桿操作吊車，水平探測儀如機器人般發出指令，指示如何把通信桿調整停當。幾個人戴著油膩膩的帽子，手裡拿著鏟子和鐵撬站在路旁。

「為電網加上另一個座標，是吧？」我問倚著鏟子站的一名男子。他看起來像用米餵了一年、滿腦子只想吃肉的獵犬。

「別問我，我只管挖那該死的洞。」他用北方口音說。

「你聽起來像來自遠方。」

「是啊……家鄉沒有工作做。」

這一路上，我時時看見這類移花接木的古怪例子：在雲南的工人來自四川，他們說在家鄉找不到工作，但在四川的工人卻又來自雲南，兩者的說詞相同。開發計畫的勞力永遠是來自他方，是臨時遷移來的，卡車載他們來住在工寮裡，然後再載到別處，工人們就這樣敲敲打打、挖掘、建造著別人的家園。

我騎車繞過吊車，繼續北行。道路沿著河在六千七百公尺高的連綿山峰下伸展，霜白蓬鬆的冰雪下方是暗藍色的針葉樹林，間雜著在微風中閃爍金光的楊樹。

穿梭在木桿間的電線，轉變成了粗厚的電纜，穿梭在鋼筋水泥大廈的樑柱上。電纜像一隊戰鬥機般撲向道路，步步為營地前進。變壓器發出劈啪與嗡鳴聲。輔助線跳空越過河面，抵達遠處的谷壁，延伸到棲居山脊的獨立房屋。電線由此一再分裂，伸枝展葉地串連每棟住屋，如同必須確認自身存在的觸手，觸碰著連接之流，哈囉，哈囉，我真的在這裡嗎？有人在嗎？觸手伸向最遠、最高的家屋，將一切納入網絡，將每個人都連上網絡。每片屋頂上都有一個個凹形碟，斜面著上方與東方，吸取廣播節目的電波，無所不及的枯瘦章魚將觸手伸入空中，從地景攫取若干自我感，再捲回吸盤餵進它的嘴、腦、心，將大地吸入其齒舌之中。

＊＊＊

河面有一道傳統的西藏便橋。電線圍繞著圓型扁石柱，在河流中央形成一條長柱，手劈的木樑直抵兩岸。

便橋旁正在興建一條新的混凝土橋，工地吊車在空中揮臂。一塊標示牌寫著，解放軍於一九三五年的長征中在此渡河。廢金屬與廢棄機械被扔在河岸的工寮旁。過了

第十章
前往甘孜之路

橋後，有幾排兵營般的建物沿著山谷坡面向下興建。屋子漆成令人作嘔的粉橘色，但牆上印有一般的西藏設計樣式。新橋還未鋪好，也沒有欄杆，但卡車與摩托車直接在粗糙的混凝土橋基上來去。一名男子走來，拉著一隻馱有枯枝的驢子。「嘿，那邊的建築物是什麼？」我問他。

「那是他們要我們搬進的屋子。那是安置營。」他說。「我的村子在下游，但不久就要被水淹沒了。他們把半個村子的人都遷到這裡安置。其他人就送到別處去。這裡還有一些其他地方來的家庭，都是從北方的新龍來的。他們是因為那兒在採銅礦，所以才不得不搬來。」

「這新地方的一切如何？」

「這個嘛，他們把電力牽進每間屋子，所以我們可以看電視，開電燈，但沒有可以養牲畜或種菜的地。我們不得不賣掉犛牛和馬。在老村子裡，我們可以自力更生，但在這裡，我們就得吃政府的糧。」

他走過舊橋，我決定跟去看看，所以停下摩托車，跟著他渡河。在橋遠處另一端的標示牌寫著：雅礱江自治安置營二十一號。房屋排成格狀，孩童在路邊堆積的瓦礫堆中玩耍。如同那座新橋，建築物也還在興建，街道還沒鋪好，但一些單位已經有人家入住，長型結構分成一棟棟公寓，我猜就像八爪結構。

居民將街道打掃得很乾淨，儘管山邊仍會吹來塵土。蓋到一半的鋼筋水泥結構讓營地生出一種後末日感，但一棟住屋前，女人們正在戶外開火，以大鍋煮麵與饃饃，牽驢男子才剛卸下柴薪，就咧著嘴笑說，「嘿，來看看吧。有人在辦婚禮！」

女人圍繞著我，當場從鍋中撈一盤饃饃給我，嘴裡念著扎西德勒、扎西德勒，你要留下來跳舞嗎？我們要跳整整三天的舞！他們招呼我，彷彿在這片岩石與天空的大地上，我們都是從塵土生出的神蹟，啊，在人類血肉之軀的短暫幻夢後，我們終將回歸塵土。男子走過來抓著我的手，把我拉到其他六個人坐著的房裡。屋內沒有家具，只有一臺掛在牆上的大電視，還有一張滿是食物殘渣與啤酒和飲料罐的桌子。沒有人因為看見我而嚇一跳，反而待我如貴賓，彷彿他們正等著我光臨，雖然我只是從街外走過來，破爛的旅行裝束沾滿了泥巴，鬍子也沒刮。

老人們紛紛張開手掌向外，像在給我布匹一般，這是西藏傳統打招呼的方式，他們問我想喝什麼，一個醉醺醺的年輕人往塑膠杯猛倒大麥酒，示意我一口乾了。一名女子捧著金屬盆進來，盆中裝著熱騰騰的肉。一名老人撈出一球肘子給我。女人們在厚重的烹飪圍裙下穿著華麗的絲繡綢緞。屋裡屋外，處處是三天婚宴的歡慶聲，大家整夜跳舞，宴樂不息。

主持婚禮的家長是一個瘦削老人，他以漫長的歡迎詞歡迎我，句句祝福著我們這場相遇的好運。我永遠都會像個朋友般受這裡的大家歡迎，他們會和我分享一切，也希望我長久待下來。我感覺自己像個廢物，拿不出東西來回報。

「喝酒！喝酒！」一個年輕人催我。我啜了一小口原酒後，他說：「什麼，才一小口？來嘛！喝，老兄，乾了！」老人平靜含蓄，不去干涉年輕人「這可是婚宴！全乾了！」的催酒聲。

我環顧狹窄單調的營地、挖得亂七八糟的街道，以及仍堆在屋外的碎石瓦礫，這裡沒有放牧牛羊的餘地，屋子都聚集在同一區，不像傳統房屋般各自獨立，四周有庭院與大麥田，住屋底層是畜欄。這兒半點也不像我想像中的西藏，但雖然他們被連根刨起，自由與自立的能力被全數沒收，他們仍拒絕訴苦。坐在桌頭的男人說：「是啊，我們從家園被趕了出來，但我們會沒事的。水壩與礦坑是國家計畫。我們對抗不了政府的命令。」

年輕人再度為我的杯子斟滿酒，他們一起乾杯，這次我加入他們，一口乾了，然後鞠躬謝謝他們，說我得走了。我怕自己不僅會喝醉，還會喝得一塌糊塗，讓這群被迫遷徙的居民雪上加霜。他們雖然失了根，但仍多少維持著尊嚴。如果易地而處，我不認為自己能如此坦然。我走回屋外女人們煮飯的地方，她們的臉頰有曬斑，因為出力與爐火的熱氣而發紅。「你可不能這麼快溜走！」她們叫道。「晚點如果可以的話，我再回來。」我說，雖然心裡知道自己會繼續前進。於是我穿過規劃得方方正正的街道，走回橋邊。孩童們在工地機具捲起的塵土中對我大喊：「扎西德勒！」上方的山脈如心電圖般起伏，冰峰刻畫著綠松色的天空，也反過來受水與時間形塑。我走上橋，俯視底下銀中帶古銅色的河水。我過橋走回停摩托車的地方，繼續北行。

＊＊＊

新龍位在峻巴與甘孜之間，是一張錯綜複雜的電力網，在枯骨般的山腳下賣著雜貨。我緩緩繞著環型車道騎，車道中央是枯草與僅有刺而無花的乾玫瑰叢。軍人坐在十字路口的貨車上，手裡的槍閒置著。這裡沒有發生暴動的危險，沒有土生土長的當地權力中心。

走在街上的男男女女無不手持電子裝置，追風騎士躺在車上瞇眼盯著手上的螢幕。他們用手指點擊螢幕，把螢幕當成真人般交談，側目的樣子就像在透露什麼祕密訊息。穿著古羊皮袍的男子狐疑地看著那塊塑膠長方體大叫。那些裝置似乎也會回話。男子像聽神諭般側耳傾聽。人們交談時如果聽見電子響聲或嗶聲，他們會愣住，彷彿有某種從比眼前的人更高的權威降臨，於是他們停止交談，看看裝置是否有事召喚，或是否爆發了必須處理的緊急事件，但顯然通常僅是電路在主張自身的演算法存在。

我把車停在環型車道邊的一間餐館前，吃點東西再繼續騎往甘孜。兩名穿紅褐色僧袍的僧侶正看著電視上的功夫片。蒼蠅在他們的食物殘渣上飛來飛去。我點了一碗麵。其中一名喇嘛轉向我說：「有好的業報，才會在美國出生。」

「怎麼說？」我問道，感覺自己在這裡永遠離基本現實很近，這裡充滿著光與空間，散發著一種歡愉和啟發人心的性質，人們愉悅地彼此打招呼。美國則似乎總是有陰暗與空虛的一面。美國的歷史──至今仍是如此──充滿著血腥與暴力，平等的夢想如蛋糕糖霜般粉飾太平，因為大多數人獲得的不是自由，而是渙散心志的糖蜜。

「是啊，物質不虞匱乏就是一種幸福，這樣你就可以全心去發掘真實。你看看，我們得要多辛苦工作才能糊口……幾乎沒空冥思，因為我們得去種菜、煮飯、補衣、修屋頂……」

我想這是老生常談了，但我依舊納悶，這些卑微的工作是讓人能連上生命、連上根基與本質，還是讓人遠離生命？自動化操作是給了我們自由，讓我們能去追求更美好的人生，還是讓我們脫離了自我的重要本分，將生命的條件交給機器，使自身益發貧瘠？

「時間是人生唯一的財富，」喇嘛接著說，「如果你是隻飢餓的猴子，那就沒時間沉思了。在美國，你們一定有大把時間可揮霍……」

我沒有試著反駁他對美國的觀點。他根本無從想像，時間在現代美國城市是如何經過千刀萬剮，如同被敲破的安全玻璃，裂成一無是處的百萬碎片，連拿來割腕放血都做不到。

我的麵來了，喇嘛們轉身回去看電影，片尾是殘暴的巫毒場面，看完後他們起身走向門口，步入陽光下時，他們從僧袍裡拿出手機瞇眼看。

＊＊＊

從新龍朝北再騎幾里，就來到了安置營的那個人提過的銅礦坑。那是一個方形的坑，如反向金字塔般往下深入地心，頂端寬約一．六公里，愈往下就愈窄，最後變成一點。單是車輪就和我一樣高的二樓高自卸卡車，在通道上全速奔馳著，因為司機是以趟來計費。礦坑裡愈挖愈寬、愈掘愈深，像一個大到終將吞噬地心的洞。「礦坑」、「露天礦場」等詞本身，概念上就傳達著與大地的關聯——坑是耙出一層層岩石與土壤的洞，把土石送進處理廠，剝取其一小部分的本質成分，其他部分則變成礦渣、塵土、渣滓、垃圾、碎石、殘片，不僅毫無經濟價值，還是一種負債，因為你得付錢請人來載走。毀壞大地是要付出處理成本的。

笨重的卡車彎彎曲曲地駛進礦坑，和水壩工地的卡車沒兩樣，只是後者是從地面攀上谷壁，前者則是往下駛入地心。下方四百公尺有十來輛怪手，噴著黑煙揮舞吊臂，將土放上卡車。卡車載著土往東駛向冶煉廠，它的大煙筒高高聳立在平原上，冒出裊裊煙霧，向東曳去。工廠頂端的一條橫幅布條寫著帝國常見的八股官話：「利用現有資源，鼓勵少數民族」。卡車如廢車廠機器人般來回行駛。大片廢棄物延伸到冶煉廠旁，帶有鉛色光澤的灰土堆是礦砂加熱、沖洗、排乾、煉出銅後的殘渣。工廠旁，表面結著一層暗鎳色沉積物的小溪流入渣池，然後再流入大河。幾輛平板貨車開在封閉道路上，後面載著閃亮的長條金屬，從冶煉廠朝東駛向更遠處的軍火廠處理銅，再以軍槍子彈的樣貌送回來「鼓勵少數民族」。

＊＊＊

第十章
前往甘孜之路

我停在雅礱江谷北端的低處山隘，山谷在那裡開展為甘孜盆地，河流從山上蜿蜒流下。前方的兩線道公路可見成都來的大貨車疾駛上坡。我從山隘下坡，轉向甘孜，旋即捲入了高速公路的速度之流，貨車從我後方呼嘯而過，不屑一顧地超我的車，颯颯的氣流吸得我失去平衡。我盡量保持肩膀平穩，還差點擦撞到後方猛然撞來的山羊。守衛犬從門口奔出來，窮凶惡極地追在車後，嚇得我指節發白，一路開著風門疾馳。啊啊啊啊啊！其中一隻惡獸撲上來時，我大叫出來，但牠沒撲準，所以又趕緊跳開，以免被後方的卡車撞到。我還來不及僥倖，礫石從路面跳起，我只能伏身，在從淡紫色轉暗的天光中，瞇著眼穿越廢氣與煙霧，雪峰在向晚的天色中變得灰紅。

電話桿與電纜愈來愈多。山脊上盤踞著碟型與枝狀天線的龐大鋼架，巍然俯視著底下的人類居所。高山讓一切顯得渺小，但天線罩與鋼架似乎仍標示著帝國的疆域，就像經幡標示著神聖的邊界，只是沒有人會爬上電波塔穿繩掛色旗，也沒有人會對著它喃喃念禱文，山脊上沒有佛塔，只有據地為王的天線塔。

11

甘孜與插曲

到處都是葵花籽，我希望自己有一隻鸚鵡。警察嚼了又嚼。我每問一個問題，他就把一把葵花籽扔進嘴裡，像深懷恨意般大嚼特嚼，再將嚼爛的瓜殼吐到地上。他留著警察常見的平頭，但下巴兩側略有一點絡腮鬍，彷彿擋不住體內的貓王。我們交談到他嗑完半磅瓜子時，他反覆說甘孜警方無法為我的簽證延期。他堅稱，展延簽證最近的地方在東南方三百二十公里遠的康定，拿地圖和指南針來量的話，差不多是我打算前進的反方向。我很確定他錯了，不然就是在說笑或喪心病狂地說謊。他桌上有一杯泡了不知多少遍的茶，茶水只比清水略黃，細碎的茶葉漂在水上，像泡在福馬林中的某種深海生物的幽魂。

「你是縣立公安局局長。」

「沒錯。」（嚼吐，嚼吐）

「你說你不能為我的簽證辦理展延，那香港辦事處的人為什麼告訴我，可以在任何縣立公安部辦理？」

「香港（嚼吐，嚼吐）太遠了，離這裡幾千公里……」

「但你們代表的是同一個政府。那裡的規定不會到了這裡就不一樣啊。」

「香港是吃北京烤鴨的好地方（嚼吐，嚼吐），你有趁機嚐一下嗎？」

「呃，沒有，我沒嚐過那種禽類料理。」

「也許你應該待久一點。那裡的按摩店也很棒。我們這兒沒有那種店，只有幾間卡拉OK吧和農家女孩。」

他能不能為我的簽證延期，或肯不肯為我延期，可能是兩個不同的問題——但無關緊要了，不論我問什麼，不論他答什麼，他的答案一律是「不行」。

「如果在這裡申辦的費用高一點，我能理解的，」我說，「只要告訴我開發與產業銀行在哪裡，讓我能去換點錢付清就好了，就算費用離譜了點，反正沒人知道。明天我就要到北方去了。」

「這裡沒有開發與產業銀行……（嚼吐，嚼吐）最近的一間在康定。」

＊＊＊

時值秋分，剛好是我生日。我走出公安部到甘孜鎮上，尋思著要如何是好——我可以在這傍晚時分馬上出發，朝康定騎一半路，剩下的路等早上搭公車過去，應該趕得上週五，在週末銀行和警局關門前抵達。更合常理一點，我可以在這待到週日，搭

第十一章
甘孜與插曲

公車去康定，週一再去辦事。

一個穿著紅褐色僧袍、戴巴拿馬帽的胖喇嘛騎摩托車停在我旁邊，問我要不要跟團旅行。

「到哪裡？」

「哪兒都行！我會載你去！」

我想像著僧人的肥肉在羊袍下抖動，我的身體被夾在他的背肉和機車靠背中間的樣子。

「我自己就有摩托車。」我說。

「但在美國。」他說。

「不，」我說，「在這兒，就在這兒！」他笑著騎車離開。他以為我瘋了，我也以為他瘋了。

鎮中心是一堆彷彿為避寒而聚攏的混凝土建物。天上落下細雨。野生動物皮多到從店舖滿出來，有些已經裁好，隨時能縫成衣物，有些則是完整的全皮，臉、爪、尾巴，一應俱全——有野兔、狐狸、貂、各種山貓、豹子皮，連雪豹皮都有幾張。西藏人穿的羊皮大衣稱為藏袍，滾有金邊的袖子長到膝蓋處，但店裡賣的唯一一種服飾，是從低地工廠來的聚脂纖維薄毛衣。

我找餐廳坐下，點了酥油茶。「抱歉，」一個鬥雞眼女侍說，「今天停電。」

「那有關係嗎？」

她拿出電動攪拌機，聳聳肩說：「我們沒辦法攪拌酥油茶！」

「為什麼不用那個？」我指著牆上的木製攪拌器說。

「那只是裝飾。」

太古怪了。西藏酥油茶的儀式與分享暫時中止，請等候進一步通知，待有人去按下鎮外電廠的發電機開關再說吧。我等著看有無動靜，但只聽見某人的電池收音機在響，蒼蠅在後門外的一堆骨頭上嗡嗡地飛。

我決定走人。我坐上摩托車，朝南再朝東騎上我來時的省道。天幕逐漸拉下時，琥珀色的天光從雲層流洩而下。我跟在疾駛的卡車後，把砂石從齒間吐出來。天空有一道道赭色的雲。紫色閃電在前面的遠方閃了一下。我不在意寒冷或黑暗，只喃喃念著蝴蝶般的禱文，祈禱不會下雨，希望禱文會翩然起舞，停在上帝的耳毛上細語。

到康定的高速公路分岔，追隨一條大河穿入夜裡。路面滿是泥濘，身下的機車時時甩尾。我的身體變成了衝擊、支桿、鋼叉的延伸。寒氣沁入脾骨，我用雙膝夾緊車身與引擎。一彎黃月如鼠牙嚙咬著霧的皮膚。黑色河水妖裡妖氣地向前滾動，似乎會幻化成形，蠟色的唇舌從流水中伸入月光，如髮辮般扭曲。

在這一無所有的荒野，一隻狗從我眼前跑過路面，驚嚇之餘，我推到風門，煞車不成反而變成加速——我突地一偏，沒撞到狗，但差點騎入河中。我在前輪懸在土堤

第十一章
甘孜與插曲

頂時及時停住。我大口呼吸，冷空氣像冰一般充滿肺部。

我關掉引擎。千萬畝的靜默籠罩在四周。河水閃爍，靜靜地低語而過。月亮仍在雲隙間閃耀。我希望別下雨的禱文到目前為止還管用。我將車子拉下土堤，重新發動引擎上路。這一夜我沒有再碰到任何動物、車輛或幽魂，連伸手都不見自己五指。

＊＊＊

道孚是從夜的肚腹冒出的一叢燈光。我在午夜前一個小時停下，在公車站旁找到了旅館房間。

「房間乾淨，非常乾淨。」旅館經理對站在他面前的我眨眨眼說，他的強調讓我狐疑他說的是房間還是其他商品。櫃檯上有個裝滿小鰻魚與海草的小魚缸。他的頭像斜了一邊的馬鈴薯，喉嚨上的痣生出幾根長毛。痣生在男人的咽喉左側，彷彿活生生般搏動著。

「我去康定辦事時，可以把摩托車停在這兒幾天嗎？」

「好啊，沒問題。停在後面吧，我們會替你看管。」

我幾乎有把握回來時摩托車會不見，但也莫可奈何。此時的我無事可做，只能帶著我的業力轉盤繼續前進，看最後球會停在何處，盡力玩好這場遊戲。

房間三合板牆上，在頭的高度有幾枚黑色靴印，也聽得見樓下大廳傳來的女人笑聲。有人在某處唱起了卡拉ＯＫ。走調的歌聲在扭曲的音量中回響不絕。粉紅色的床頭櫃上立著一面裂掉的鏡子，牆上的洞已用一團團黏膠與衛生紙堵住。

有人來敲門。我打開後，看見一個纖細的年輕女人，穿著亮片洋裝與裂開的絲襪，拿著酒瓶與兩個玻璃杯。

「唉呀，我走錯房間了，對吧？還是沒走錯？」她抬起一邊眉頭說，彷彿喝醉了般搖搖晃晃。

「今天是我生日。」基於某種原因，我感覺自己像被這段路掏空般地站著。也許我只是想在今天過完以前說這句話。

她伸出手，將手掌平貼在我襯衫敞開露出V形的胸口。

「噢，」她說，「你的心臟很強耶。」

「我有點筋疲力盡，」我說，「今天是很長的一天。」

「多長？」

「我入夜後就從甘孜一路騎過來。」

「那你一定渴了。你看起來需要喝一杯。」

「我明天破曉前還要去趕公車。」

「這是一瓶白酒，頂級的。」

第十一章

甘孜與插曲

白酒是一種用途甚廣的烈酒：如果不喝，還可以拿來當打火機燃料或除漆劑。

「我以為妳說，妳走錯房間了。」

「也許我錯了。」

「妳是說妳也許沒走錯？」

「那要看你了。」

「我得承認我確實有點渴。」我咳了一聲說。路上的煙塵似乎卡在喉嚨裡。

她進門坐在床沿，細細檢視牆上的洞是否都已確實補好，然後把玻璃杯遞給我，旋開酒瓶。

「我倒了喔？」

「好。」

「你要多少？」

「我愈來愈渴了。」

她叮地一聲將酒瓶靠在玻璃杯上，接著停下動作。「我差點忘了，」她說，「我倒酒前你得先付錢買酒。」

「什麼？那酒不是妳的？」

「不是，這是老闆的。如果白酒有少，我就得付雙倍的錢。」

「但我身上沒有多餘的錢。所以才到這裡來。如果我身上有人民幣，那現在我人還會待在北方一百六十公里的地方。但我兩天內就會回來，到時就有錢付了。」

她傷心地噘嘴說，「我不相信你。我還以為你是紳士呢。」

我拿出空皮夾，扔下踢到房間另一頭。皮夾落在破鏡子旁。

「沒關係，沒關係，」我說，「王八銀行，王八條子——可別告訴我妳能收旅行支票。」

「你身上真的沒錢？」她說。

「妳瞧，我像亡命之徒般一路騎到這裡，好趕在明天銀行關門前去辦事。我別無選擇。」

「我也沒有……我是說，我得遵守規定。」她放棄使出媚功，人虛弱無力了下來。「還是謝了。本來能好好喝一杯的。」

「也許下輩子吧。」

「下輩子我會在更好的地方。」

她起身在鏡前理平洋裝，走出門外到走廊。我靠著門看她離開。往樓梯間走到一半，她停步，折回我站的地方。她像不久前那樣把手貼在我胸口，然後踮腳親了我的唇。「生日快樂。」她說，然後轉身走開。

＊＊＊

第十一章
甘孜與插曲

破曉時分，僧侶和農人站著等公車。一身古早打扮的婦人扛著麻布袋上車，人人都大聲清嗓子、吐痰，將鼻涕甩出車窗。司機發動引擎，車子發出咻咻聲啟動。天色開始轉白之際，我們駛出車站。每個人的呼氣都是白色的。雞豬在路邊覓食。我們經過走路上學的孩童，繼續駛入鄉間，一群群犛牛正嚼咬著收成大麥的短硬莖。平頭大貨車沿著路邊停放，司機睡在車裡。

我們開上山腰，來到一片平原。一群牧人正在路邊等車，方圓一百六十公里內空無一物。他們戴著牛仔帽與墨鏡，留著瘋長的鬍子，抬著鞍袋，身上有股糞肥味，脖子圍著一圈拳頭大小的骨塊，讓他們看起來像洞穴巨人或巫師。他們坐在走道的麻布袋上，對車裡的其他人粗聲大笑，衣著整潔的我們試著不從鼻子呼吸。

午後不久，我們進入康定，我逕直走入鎮中心鬧區的開發與產業銀行，就在穿越鎮上的牆堤河流旁。我啪一聲放下美鈔，收到一疊厚得像犛牛舌的紅色百元鈔，但比我預期的少了四分之一。「匯率不是八比一嗎？」我問銀行人員，一個頭髮稀疏橫梳的瘦子。

「以前是，但現在是六比一。」

「什麼？為什麼？怎麼可能？」

他聳聳肩，「貿易失衡、商品市場不穩定、鋼鐵關稅、人均國內生產總值、製造費、勞力成本增加、公債利率……他們要我把這些數給你們聽。」

讓銀行人員拍下相片、影印護照後，我帶著滿口袋的待換大鈔前往公安局。警察們正閒到昏昏欲睡。他們試著發掘嫌疑犯，卻只能提出無聊得要命的問題。我幾乎想拜託他們不如正面給我一拳，讓我逃離這難堪的場面。我填好表格付完費後，他們試著為我的簽證展期，不讓睏倦弄得昏死過去。

康定是位在一片綠色山丘摺痕裡的行政首都，如文藝復興時期雕像般呈淺灰色的河流從中穿過。在狹窄山谷的山脊後方，海拔七千五百公尺的貢嘎山巍峨聳立，呈三角鋸齒狀，是四川最高的山脈。我經過一間建於一八五〇年的天主教堂，如同許多佛寺，它在一九六〇年代被政府摧毀，一九八〇年代重建。現在教堂已經化身成各種店面。一架飛機從空中斜飛而下——這裡有全世界最高的機場，位在海拔四千二百公尺處，斥資十億元興建。以往從成都來這裡要坐兩天公車，現在只要搭四十五分鐘的飛機。我不知道政府預計如何讓這十億元回本，但我想周圍的山丘一定有鈾、金的豐富礦藏，或是全西藏最性感、歌聲最美妙的女孩，她們連兩個可以拿起來摩擦作響的銅幣都沒有，很樂意為養家到卡拉ＯＫ吧工作。

沿街都是沉迷於數位裝置的人。如果我對站在河上的某人說了什麼，他們會像從幻想中驚醒一般抬頭。他們似乎忘了如何回應，忘了他們存在於真實可觸的物理世界。人們目光呆滯，面無表情，令人納悶他們是否失去了人格的圓潤，變得直楞楞的。男人騎摩托車時會把手機放進小袋子，掛在脖子上，有如護身符。

第十一章
甘孜與插曲

太陽落到山脈後方，天氣隨即變得寒峭。我走進一間面街的西藏餐廳。餐廳桌上擺著一盞嘶嘶作響的煤油燈，遠處牆上有一臺拴在架上的電視，正播放著國營西藏頻道的新聞。我點了餌塊，切成長條下去炒的大麥菜餚。藏語電視頻道是政府用來表示西藏與西藏人自治自主的方式，承認他們有自己的媒體，承認每個西藏地區的名稱——甘孜、香格里拉、拉薩等，每個地名在官方語彙中都會冠上「自治區」的稱呼，大至整個西藏也是如此，其正式名稱是「西藏自治區」。我坐下寫筆記本，偶爾瞄瞄雜訊很多的電視。一名中年喇嘛帶著一節牲畜腿走了進來——我猜是綿羊腿或山羊腿，因為太小，不可能是犛牛腿。他將那節腿肉橫拿在紅褐色僧袍前，問店家想不想買。店家聳肩搖搖頭，於是他像轉舞伴般將那條腿轉一圈，繼續走向下一間店或餐廳。店主端餌塊來時咧著嘴笑。他拍了拍我的背，我開始呼嚕呼嚕吞下餌塊與油滋滋的蕃茄醬。

電視上著藏袍的播報員正以藏語念國家新聞。廣大的平原某處正有一列遊行隊伍經過，不是在這裡的高原，而是底下的低地，農地與磚屋連綿不休地向地平線伸展。人們高舉著一支寫著全國團結字樣的旗子往上戳，彷彿想捅進國際社群的要害。遊行者大步邁向新典範，把旗子當魔杖般揮舞，如針一般將各種不同地景、文化、語言縫合為大一統與共同歷史的國家敘事。新聞接著切到城市裡沿街翹首盼望的群眾。奧運舉辦過後，就再也沒有人能否認這個帝國身為一個民族國家的主權與地位了。帝國永遠不是真正的國家——而是歷來諸多王國、軍閥、地方政體、宗主國如南詔等的凝聚，有時也包括西藏。但除了諸片東方低地，它從來就不是一個完整的國家，起源與歷史統一的神話永遠鞭長莫及，達不到疆土最偏遠的角落。

新聞呈現峭壁高處的西藏屋舍，電線橫跨大片距離連上這些屋舍，證明了沒有人會被拋在身後，他們會將電線盡量牽到海角天邊，讓每個人進入同樣的電網、同樣的波長中。奧運帶來威望，一種重要性與認可的光輝——只有現代國家能舉行奧運，國際社群的道德權威永遠不會讓奧運在警察國家舉行，技術落後的國家則永遠籌辦不了奧運。這是對政權的全球背書。政府關閉全國上下的文化與通訊組織，摧毀首都的傳統街坊來興建體育館，但又何妨。監獄裡關滿了詩人、行動分子、人權律師，那也無妨。奧運會帶來投資、觀光的錢脈，有助於開發基礎建設。國際金流會汩汩流入政府金庫。奧運會讓幾百萬人的口袋響叮噹。

同樣的狗屎把戲在各地上演，臭得堪比峻巴的廁所。他們期待你像奴才般順從、支持國家賺進大把金子，在他們發動戰爭時再次效忠，儘管這年頭的戰爭不過是把機器人炸彈拋到人類目標身上，沒什麼運動家精神，對吧？我聽不懂藏語新聞，但同樣的國家敘事像棉花糖般四處滋長：你可以更換名稱和少數細節，但都是同樣一套對與錯、忠誠與敵人、必須要贏且殺人有理的說法。

我在煤油燈光下喝著盤中湯汁時，聽見店主發出一聲慘叫。我抬頭，以為會看見他切到手指頭，但他其實是動也不動地站在電視螢幕前。他太太走出廚房。螢幕上的雪花似乎更多了，主播的聲音進入了更高亢快速的不同表現聲域。螢幕上出現熟悉的景象。我起身，認出那是香格里拉的寺院，它的大殿屋頂正冒著煙。那是西藏及其人民最神聖的地點，對那名主播亦然，人人深受打擊地目睹著寺院的崩壞。

新聞顯然切到了寺院的失火現場。維安人員將槍盾拿在胸前，排成一條警戒線。基於某種原因，他們都穿著鎮暴裝束，彷彿早有準備。中甸廣場上的人在啜泣。**他們要來傾斜你，斜角你**。餐廳裡的人似乎都屏住呼吸，胸口涼了一半。主播不知道火災是如何發生的，沒有資訊，他們只能設法將現場影像傳送到每個在看當地頻道的西藏屋舍。畫面並不穩定，然後開始跳動，似乎是攝影師將鏡頭往身後一甩，逃離現場。畫面上顯示廣場的陰暗步道，我曾站在那裡看著軍隊在跪臥的朝聖者中行軍。

「天殺的，」我聽見自己大叫，「他們就是這樣保護大家安全的嗎？把整個地方燒掉？」

寺院的影像重回畫面。軍人擋住入口，無疑他們後來會辯解說，那是為人民安全著想，同時聖地已燒成灰燼。**他們要來傾斜你，斜角你**。喇嘛和其他年輕人在牆邊跑來跑去，試著跳上牆到另一邊救火。但警察把他們拉下來，他們的身影消失在雜沓的武裝手腳中。**他們要來傾斜你，斜角你**。我們聽見槍聲，一架直升機出現在寺院上空，向下投射探測燈，從擴音器呼喊著什麼。直升機在夜裡顯得黑暗而巨大，攝影師似乎已經忘了拍攝火災，抬頭直直看著那台飛翔的機械。然後畫面中斷，我們回到十分鐘前的畫面，就像時間絆到了腳，跳回前一刻，不再是現場畫面了。他們切回錄像，播放雄壯威武的遊行，勝利的波浪，歡欣鼓舞湧向首都、邁向某種國家與身分巔峰的群眾等影像，努力透過陰極射線管的迸發，向擺有肉塊與酥油茶的西藏廚房潑灑。

餐廳老闆、幾名顧客及停在門口看電視的行人，目瞪口呆地陷入沉默，**同化為機器**。電視繼續播送畫面，但再也沒人去注意了。他們彷彿看見了針對他們的文化、他們的神聖感最猛烈的暴力與侵害，但見證的動作才剛開始，就被截斷了。人人看起來都像一具蒼白的稻草人。現場影像不可能重現，這種系統故障不會再重演。我們突然吐出一口氣，彷彿才剛想起自己要呼吸。老闆臉色灰敗地看著我，他太太坐在桌邊，如一塊即將迸出眼淚的石頭。**直到你看著自己的臉也找不到自己**。不論發生什麼事，都是一種侵害。雖然不是我的歷史，我的土地，我的宗教，但我一樣感受到了那種侵害——對基本人類尊嚴的侵害，就在我們眼前發生，身為目擊者，不准我們看得更多更是二重侵害。**他們要拿扁斧與刨子塑造你**。那就像有人中斷了一部拍攝土爾沙種族屠殺的紀錄片，改播《摩登原始人》，以專制瘋狂掩飾專制暴力。

「也許直升機是要帶水去那裡滅火的。」我對男人說。那是我所能想到唯一一件有希望的事，不過屋裡沒人相信我。無論如何，他還是微笑表示感謝。他們重播了那段首都遊行的影像，我以為會無止盡地循環播送下去，但後來畫面切換成介紹西藏編織的文化節目，一名穿著傳統服飾的女子微笑著坐在家用織布機前，挪動梭子來回穿過色線。

老闆娘走回廚房，男人機械地擦桌子。其他人都離開了。他告訴我這種時候很危險，當局往往會派警隊出來執行反集會法：只要聚眾站在街上，就有可能被關進監牢十年。他說，現在他們最安全的做法是拉上餐廳大門。只要有人在裡面，他們就可能被逮捕。

此時有外國人在店裡，事情更是雪上加霜。我起身要走，但老闆不讓我付錢，彷彿我的在場、我對體系的缺乏忠誠，或僅僅只是我能來去自如地傳遞訊息與聯繫的自由，就比他們的報酬重要。他們看起來並不寬裕，所以我堅持給錢。

「拜託，」男人說，「你來我們國家，到我們家裡，那就是客人，我們想謝謝你到這裡來……請收下我們的好意。」

我走過街頭，鎮上所有門窗都關了。沒有卡拉ＯＫ，沒有電視新聞，沒有音樂——只有靜止中從某處傳來的警報聲。夜裡的某個時候，我以為自己聽見了直升機在遠處飛的聲音，但也許是夢。**他們要來傾斜你，斜角你**。

＊＊＊

早上我搭公車回到道孚，從公車站下車後，走到隔壁的旅館。一名我從未見過的男子站在櫃檯後。

「經理在嗎？」我問。

「在，」他說，「我就是經理。」

「我是說另一位經理，前幾天他還在這裡。」

「我們沒有另一位經理。」

「一個穿絲質襯衫、頭型像顆馬鈴薯的男人，喉嚨正中央有顆幸運痣。」

「啊，不是，那個人……不是經理。我才是經理。經理只有我一個。您需要任何服務嗎？」

「我從甘孜騎摩托車來這裡，把車停在後頭，再搭公車去康定。另一位……經理答應替我看管。」

「沒人告訴我這件事，但歡迎你去看看。」

我走過飯廳，穿過洗碗水與煮肉的味道，走出旅館後門。我停摩托車的水泥院子裡空蕩蕩的，只有一個穿著髒汙軍用外套的老人坐在空心磚上，抽著用報紙捲成的菸。我鈍鈍地考慮著是要去坐下一班公車北行到甘孜，還是搭便車北返。老人手裡拿著鐵鎚，砸開的鬧鐘碎片散得到處都是。他正把鬧鐘的金屬零件拆下當廢鐵賣。

「他們做的新鬧鐘，裡頭都沒有鋼。」他對我說。

第十一章
甘孜與插曲

「他們稱為數位的東西——裡面都沒有齒輪或機件。全部是用完即丟的塑膠。這樣要怎麼調整時刻呢？我喜歡能用雙手修理的東西。」

他用鐵鎚敲一個頂部附雙鈴的圓型錫鐘，但沒有敲準，鐘滑到我站的地方。

「小夥子，幫我拿回來好嗎？我只要一動就疼。」

我拿鐘給他，他又再敲一次，這次他敲開了外殼。他仔細檢查裡面，手指撫摸著齒輪。

「你也有這類數位玩意兒嗎？」他問我。

「我沒有。」我說，甩了甩腕上的香港製假勞力士錶。

「呵，那很好。每個人都匆匆忙忙地做什麼呢？趕趕趕——還來不及意會過來，你就像我一樣老了。有什麼好急的？」

他扔開溼菸頭，拿出一包粉狀菸草，捲一根新的菸。

「你成家了嗎？」他劃火柴時問我。

「沒有。」

「是啊，速食生活，又快又猛，」他說。他從唇間吐出一小片報紙。「只會生麻煩而已。你死的時候誰來替你收屍？」

「你有沒有看見這裡停著一輛摩托車？」

「你會問起也真巧。幾天前我確實看見了一輛摩托車。」

「到哪兒去了？」

「那天夜班那個拉皮條的到這兒來，叫我顧好那輛車。嗯，你以為它停在哪兒？就停在屋頂的排水管下面，所以如果下雨，水就會直接淋在摩托車上。那對機器可不好，但沒人想到那種事。所以我把它牽到庫房去停放了。」

男人開始朝另一個鐘下手。我打開庫房門，摩托車就在那裡，以腳撐停放著，一籃乾草掛在手把上平衡車身。我把車牽到外頭，按下啟動鍵。引擎吞吞吐吐地發動，然後平緩低調地待機。我把背包繫在後座，腿跨上去。我向坐在空心磚上的老人道別，但他只瞥了我一眼，嘴角曳著煙。我騎到路上，口袋裡有現金，護照也延期了，於是我繼續北行。

12

佐欽

從甘孜朝北騎一陣子後，我停在一個牧人家庭經營的加水站旁，他們用一條水管將山泉往下接到路邊，為路過卡車填水箱、幫煞車散熱、清洗車窗泥塵來賺一點錢。我停車拿出一塊肥皂，請他們在我洗頭時為我拿水管，因為天寒地凍又缺乏熱水，我已經有好一陣子沒洗頭了。

這讓加水站的兩名女子樂不可支，拿水管沖水時不禁笑個不停。水凍得像冰，感覺像從冰河奔流出來，直衝腦門。我像隻落水狗般顫抖。女人們穿著羊皮長藏袍，頭髮綁成辮子，再編入大綠松石，捲成一綹一綹，微笑時閃著金牙。一名女子將小刀套在腰帶上。她取刀切斷繩子，要求我買下刀，它的刀柄是骨頭作的，刀鞘的鑄銀中嵌著紅珊瑚。我連講價都沒有，同意以她提出的十美元買下刀時，她們開始將身上一切非永久的配件取下，包括已經生鏽不會跑的錶，還從髮辮中切下礦石。其中一人甚至脫下印有運動品牌商標的一隻鞋。她單腳跳來跳去，直到我脫掉靴子，讓她看我的腳真的比她大兩倍，她才放棄。她們沒有脫下藏袍來賣，藏袍已經發灰破舊，看起來就像一層皮膚。

＊＊＊

我轉下高速公路，前往甘大村，騎一條土路上坡到佐欽寺。寺院似乎已廢棄，但不久我發現一位年輕喇嘛，他以帶著禪機的笑容回應我說的每句話。他戴狐皮帽，穿著附固定塑膠鞋帶的塑膠便鞋，儘管天氣寒冷，卻沒穿襪子。在紅褐色僧袍上方，他的脖子圍了一條凱蒂貓圍巾。

「到別處去，」他大喊道，「這裡都住滿了！」

這是個很有意思的反真相，一切都是空。最後他要我保重，然後向空中揮舞著拳頭走開，像個喝醉的孩子說：「誰偷走了獅子？我們的大門一向有石獅子的。獅子到哪兒去了？誰偷了獅子？」

佐欽寺的院地有四百年歷史，在一九六〇年代無可倖免地被摧毀，但不知何故並未在一九八〇年代與大多數寺廟一起重建，直到現在才展開重建。我在水泥廣場晃了晃，四周是成排未上漆的水泥建物。到處都不見紅褐色僧袍的身影。除了金屬鷹架上的工人，低沉的灰色天空下空無一人。山脈在寺廟建築的後方聳立，地質時間代謝成了冰與石。新建築將西藏母題標準化後，呈現在簷板與牆壁頂部，但一律是水泥灰色。廣場中央有一座高聳入雲的通訊塔，位在升旗的位置，國旗在最高點飄揚，但底下是釘有衛星天線的格狀鋼架。

第十二章
佐欽

工人們是從有三千萬人口的低地城市重慶來的，他們嘴裡叼著菸，將灰泥抹上磚頭。我問客房在哪裡時，他們發出口齒不清的呼嚕聲聳聳肩。我很好奇這地方發生了什麼事，一九四〇年代法國探險家安德烈．米格（Andre Migot）曾將這裡稱為世上最適合沉思的地方，但事到如今你還能沉思什麼？嗯，這裡確實是一塊白板，所有圖像、土地的回響，都已被抹除，砰砰，來一點TNT節目，就能給你這些服務：帶你回歸本質、骨髓，回到如我們所來之處的一大片灰色海洋。

水聲洶湧而下，一條閃閃發亮的冰河懸在萬物之上。朝北的山谷上坡，雨從天上斜斜灑落。我四處走動，直到找到客房區，然後住進一間未上鎖的房間。由於滿室塵灰又空無一物，我以為房間無人入住，但不久一個西藏俗人走進來，將帽子掛在門口，坐在另一張床上。這人虎背熊腰，散發著一種中古世紀的簡樸氣氛，彷彿他存在於時間之外，只受肚子的咕嚕聲干擾。他一綹亂髮下的臉飽經風霜，帽子顯然是他身上唯一可取下的東西——他的衣服骯髒有斑點，彷彿已經穿在身上多年，令我想起美國西部山民從襯褲纖理中長出的體毛。

他臥在小床上，撫摸著念珠，嘴裡喃喃念著六字真言、他不會說漢語，所以我們之間沒有共通語言，但他很受我的手電筒吸引——我示範給他看如何開關，他被這種技術驚得目瞪口呆，發出快樂的大笑，這該死的世界竟有這麼多詭計。他指指我的水壺，彷彿那是異國紀念物。我旋開壺蓋遞給他。雖然是透明塑膠，但他凝神從上往下看，然後倒了一點水到手掌上，像吃藥片般啪一聲拍進嘴裡。

雨重砸屋頂，雷聲在山谷間迴盪。男子從床上起身，戴好帽子，示意我跟他走。分叉的閃電驟然照亮地景，山脈從黑夜中跳出又隱沒。我們步入屋外的滂沱大雨中，冰冷的雨打得我全身溼透。我們下坡走到河流旁的一棟外屋，進入煙霧瀰漫的廚房，燒柴的爐火溫暖了室內，煤油燈帶來亮光。十多個喇嘛坐在長椅或盤坐在地板上。一名女子正攪動著爐上的一大鍋麵糊。兩名喇嘛讓出長椅一角給我，遞給我碗和筷子。我還不餓，也許是因為原本預計吃不到晚餐，但酥油、馬鈴薯與香料的濃郁香氣像情人般耳鬢廝磨，於是我飢腸轆轆起來。廚子用長杓舀出麵糊，人人開始大聲吃喝。吃完後，喇嘛們將碗拿到門口的桶子裡清洗，然後步入外頭的夜色中。

一名灰髮僧人開始以破碎的句子和我交談。每講幾個字，他的漢語就會中斷，轉回藏語，但他試著告訴我解放軍是如何屠殺人民、如何炸毀寺廟，還有長年的飢荒。他的臉像久纏的繃帶般開始凹陷，因為失去肌肉而疤痕累累。他問我是否拜會過達賴喇嘛，我回說沒有，他大失所望。他似乎以為如果我能在世上自由來去、隨意與任何人見面，就一定會去拜見達賴喇嘛。

那名喇嘛突然起身離開。他跛得厲害，身體左側拖著右側前進，彷彿要將自身歷史的疤痕與傷口留在身後。另一名喇嘛接替他坐在我對面。他年輕削瘦，戴著絲邊眼鏡，一口英語完美得令人吃驚。他是在瑞士長大——父親也擔任喇嘛多年，一九五九年獲得瑞士收容。年輕喇嘛有工程博士學位，但選擇回到這裡成為僧侶。

「你聽說他們焚毀中甸寺院的事了嗎？」他問我。

「有，我看到了一點電視畫面。」

「在這裡呢，他們跳過了那部分，直接以低地人的風格重建寺院。落成後根本不會像西藏寺院，省下了他們再次拆毀的麻煩。」

「以後會發生什麼事？」

「你自己看看就知道了。」他平靜地說。

「什麼意思？」

「過去西藏有一種神聖感。但現在我們的土地化成了一堆瓦礫垃圾。他們從平原、村莊、游牧民族的遷徙路線，將人趕過來，移到城市與安置營去。」

「那你為什麼回來？來阻止這一切嗎？」

「阻止？」喇嘛仰頭笑了笑，「我們盡一切力量反抗，但哪有人阻止得了領導們的為所欲為？你可以不使用電力生活嗎？連不使用化石燃料煮飯都很難吧？如果你在自己的生活中都無法避免這些模式，那要如何阻止比你大千萬倍不止的體系？比去阻止一個飢餓的人滿腦子想食物還難。」

雖然他年輕又通曉都市生活，但這名僧人說這番話時是心平氣和的。我僅點頭不語。畢竟農民捕食白鱀豚這種當地河豚時，不是為了讓牠們滅絕，只是為了讓孩子充飢罷了。滅絕僅是為換得一時存活而不得不然的結果。

喇嘛繼續說：「我念工程學位時唯一真正學到的事是，當代的永續概念是一種謬誤。工業文明永遠會帶來破壞，換句話說，它是自我毀滅的。空氣中有毒，河流奄奄一息，冰川逐一融化。我們演化了幾百萬年來居住的生物圈正在消失。照這樣下去，我們只會抹消人類的存在。其他生物會取代我們。生命會延續，廣闊而源源不絕。有一天活生生的萬物都會死亡，不論是物種、文化、國家，還是如你我這樣的個人。話說回來，眼見古老的生活方式只因為世人不再重視就消逝，仍是一件可恥的事。居住在地面上的人和社群，還不如地面下的礦物對整個體系來得有價值呢。」

他拿下眼鏡，以僧袍一角擦拭。我們是用餐區唯一剩下的人，此外只餘廚子在清理廚房。他戴上眼鏡時，鏡片反射著昏暗的酥油燈光。

他接著說，「你知道嗎，我讀過有人說，想像世界末日比想像資本主義的末日還容易。家庭與社區守望相助，而非你爭我奪的傳統文化，被認為是原始、甚至棄之可也的。西藏也不例外。在美國，原住民被稱為野蠻人，但犯下種族屠殺罪行、將蓄奴體制化的，正是所謂的『文明』歐洲人。古老的價值、古老的身分，都變得無關緊要，無人在乎。戰爭與汙染、教育與成就——在佛教中，我們相信這一切都是過眼雲煙。一切都是塵世的、短暫的，已經在消褪、消逝。

如果我留在歐洲，我會獲得設計橋樑、道路或引擎的工作，讓一切變得更快，速度和便利性都會提高。工業技術的意圖就在這裡。但我不需要更快的速度了。事實上我想慢下腳步……我沒有任何超越自己的慾望。我很樂意用我們數千年來的生活方式存在。我們浪擲自然與文化遺產的速度太快了。你看看一切消失得多快。我不是回來拯救任何事物的，只是要以我所知道的最佳方式，身為一個人活著。」

喇嘛起身，行了一個扎西德勒的禮。「這個世界已經存在了五十億年，你真心認為可任由你我來修正嗎？我們所能做的只是愛惜大地的本貌，對人我心懷同情……世界在消失，我們也在消失，一切皆是白雲蒼狗。但如果我們離世時心中無愛，那不才是真正的悲劇嗎？」

他笑著握了握我的手，刻意正經八百地說：「晚安，好先生。」閃電仍在窗外閃擊，但雷聲變弱，雨已經停了。廚子拿著燈走出屋外，但爐架仍幽微透出紅光。我的皮膚與衣服聞起來有油與木柴煙味，烘乾的褲子冒出蒸氣。裝滿一肚子麵糊的我，感覺心平氣和，聽著雨聲從屋簷滴落，柴火的溫暖沁入我心。坐在這個距離一切無不有千里之遙的廚房裡，我卻奇特地有種回家的感受，彷彿這個時空是一塊連我自己也不知曉的失落拼圖片，而今終於完美地填滿了我內心的空缺。

我步出屋外時，大雨已消失無蹤，僅剩下反射著寒星的水窪。雲朵追隨著風暴的尾巴，飄在夜空中，但因為視角的緣故，星辰反而像退到遠方，雲朵則在原地，不情不願地與人間漸行漸遠。

＊＊＊

清晨醒來時，我的室友已離開。我找不到任何可以道謝或道別的人，所以僅對粗魯的工地工人打了個和平的手勢，便坐上摩托車離開。我下山騎到甘大村，途經在中甸看過的乾草堆，感覺那像在千年以前，不過這裡的乾草堆較小，也較簡陋：彎曲的細犁堆在一起，等著收割在這遙遠北方的周圍田地中猶顯青綠的大麥。西方樸實靜默的山脈是一切的背景。

一對當地的追風騎士騎著精心裝飾的摩托車呼嘯而過，絲帶在手把上飄，女孩們微笑著坐在後座。他們都在揮手，笑著大喊：「好耶！」經過一片金色沼澤後，道路通往西北方，再向上穿過低處的關隘，進入另一套排水系統。沿路做為測量標記的橘色絲帶在木樁上飄動。大地被測量、區分，水泥樁堆疊，等著被敲入地面。我感覺先前在旅途中經過的事物都已消失，我彷彿走著與點石成金的邁達斯（Midas）相反的路，我觸摸的事物不是變成金子，而是化成了麥殼。我騎進另一個盆地，工作團隊正拿著手斧在地上劈砍。上坡路陡然呈髮夾彎，我開啟風門，引擎拉到一檔。途經一隊隆隆駛過的油罐車後，我來到寬廣雪地中的高處關隘，路面是一片雪泥。

我感覺不到自己被凍得發燙的耳朵和臉頰。經幡已裂成條狀。無人能及的雪峰從四面八方升起，累積了數百萬年的幾十億噸石塊如今已崩裂，襯著天空，碎成參差不齊的瑰麗山形。穿越山隘時，我感覺某個東西從心頭脫落，某種掌握與失落的甲殼。我騎向遠方下山，接受了自己所未完成的一切，前方仍存在著一切可能性，但有一天也會化為創造與瓦解的循環，屈服於時間與未來的開端，沒有我，一切仍會在我身邊繼續循環，我也穿過它們繼續前進。

＊＊＊

第十二章
佐欽

我朝北再向西騎往石渠。陰暗的雨幕從前方的天空掃下。地景向前展開，柔化為渾圓的山丘與連綿的草地，雪一陣陣、一條條地四處飛灑。山谷像從內而外地蘊散著光輝，布滿了無止盡的色彩斑點——萊姆綠與鼠尾草綠、赭色與鏽色，滿地的野花是綠松色、藕紫色、覆盆子色、蜂蜜色、亮檸檬色——一灘灘色彩幻化交融，羚羊色的大型猛禽緩緩盤旋於一切之上，較小的紅隼則飛近地面獵食，在山丘間穿梭。我騎車經過時，數百隻山雀等胸毛為蛋黃色的小鳥吱吱叫著飛過路面。大地散布著一群群犛牛與綿羊，我還看見一隻狗獨力放牧百來隻的羊群，附近沒有人在。沿路也經過幾個蒙古包，外頭繫著摩托車與馬，牧人的孩童在院子裡唱歌、吹口哨，甩著他們編的草鞭玩。牧人們騎著美麗的古銅色、灰色與粟色馬，馬鬃裡編著絲帶。

山谷大張一如開闊的喉嚨。暴風雨從烏雲中投下雨網，大地緩慢起伏，斜坡如同金葉灑落般生出皺褶。前方的路一片筆直，在速度的高空鋼索中，我穿越閃耀的鐵砂色、肉桂色、紅鏽色、酒渣色、海草灰色、赭色、芥末色。我拍開風門，試著在暴風雨疾來時蒙混過去。風拍打著我，在我傾身前進時推踢著已然麻木的兩輪載具，我伏在車上，右臂死死地抓牢風門，手指凍僵，臉低到牙齒敲擊著手把。山丘在如波浪起伏的草地中變得模糊，彷彿體積已流洩，僅餘光的基質，土地在我身邊以蘆薈色、古銅色、曬斑色、石板色、舌紅色、杏色、鋅色等色彩攪動——大地是一道豐饒的呼吸，我的身體則是一支由引擎速度打造的錫匙。

道路向西斜去，沿路有光禿的籬笆桿，標示著某種邊界，在空無中區分著空無。天空像撕裂的披風般翻捲。幾滴雨拍打著我的臉，我已經來到最後一段路，路面滑溜得像一根插入風暴腹部的針。石渠籠罩在寒霧中，雨在上空凝聚，等待落下。建物林立的陰暗街區蒼白朦朧地聚在一起，降雨一如電視雜訊般斜落。我騎上井字街道，停進旅館園地，就在此時，大雨滂沱起來，將石渠湧入懷中。

13

石渠

我睡在廉價的樓上房間，風從底下的門縫呼呼灌進來。浴室在庭院另一頭的樓梯下。午夜時分，我把尿壺內的東西往窗外倒，掉落地面時已成了冰塊。雨停了，清晨的天空像往下壓成的金屬片。旅館經理說，他得向警方呈交安檢相片。我的臉經過風與車速的一番蹂躪，又一週未刮鬍子，連骨子裡都感覺有瘀傷，看起來一定像走出洞穴的巨怪，但經理還是舉起他的現代對講機，在香菸繚繞中瞇著眼按下快門，傳給在電網觸手某一端的安檢機關。警察手裡又多了一張我的照片，我很好奇是否真有人會去看那照片。

接待櫃檯上方的電視正重複播送近日的奧運冠軍賽——獲得獎牌與榮譽的賽跑、跳高、舉重、乒乓球等競賽——穿插著獎牌得主及其背景的焦點報導，聚焦於採訪他們的家鄉與鄰居。鄰居們連想都沒想過，名聲的光環有一天竟會落在他們從小看著長大的那個皮包骨孩子身上。報導還曝光他們讓人瞠目的團訓與努力過程。我在其他地方看過不下百次這類報導，只是語言不同、音調不同，但內容統統一樣。

石渠是一個充滿空心磚建築物的安置區，簡陋的小屋高高低低地起伏，牧民從高原來到這裡過冬。除了太空時代的天線塔凌駕一切之外，這裡僅有一棟棟棚屋，幽幽投射著未來烏托邦的模糊形體，在這未來中，人們根本不需要實體，便能來回傳送人腦訊息。這是四川的最後一個城鎮。前方就是青海省。由於我的摩托車是在四川登記，所以我決定在這裡賣掉車再跨過省界。反正我瘋摩托車已經瘋夠了。我已經準備好放手，重拾其他移動方式。

旅館經理消瘦憔悴，有一雙沉重的藍色眼皮。他將菸蒂放進附有時鐘的菸灰缸捻熄。櫃檯後有個漂亮蒼白到像用蠟雕成的女孩。她塗著紫紅色口紅，頭髮上別著紅玫瑰髮夾。

「我們能幫您什麼忙嗎？」經理問道。

「除非你想買一輛摩托車。」我說。

「我昨晚在麻將桌上把錢輸光了。」

「我猜我應該問贏家的。」

「狗屎，根本沒有贏家。」

摩托車停在樓梯下，看起來遲鈍麻木，彷彿剛從鋁塊中被鑿出來。我走出屋外，尋思著如何賣掉那東西。在蒼白的天空下，街道顯得陰森，砂石遍地。水泥屋餐廳播放著衛星天線傳來的寶萊塢電影，印度音樂從音量破表的揚聲器中大鳴大放。乍看之下很怪，但從某方面來說也不無情理，因為在這裡，你只要從另一頭爬下喜馬拉雅山，就是印度了。

一隊工人沿著未鋪好的道路挖溝，土堆在一旁。水聚集在底部，表面結了一層冰。三個萎縮無牙的老婦人蹲在警局閃亮的吉普車旁，轉著轉經筒乞求施捨，她們的雙眼像破掉的蛋黃。老婦人後方是一間美容院，牆上貼著時髦的相片，每個櫃檯的鍍鉻與玻璃都閃閃發亮。幾名女子正一面說話，一面聽著數位裝置播放的流行音樂。柴油驅動的砂石車沿街停放，但一切似乎都凍結了——沒有喧鬧或活動，直到一個小男孩跑下街道中心，拿竿子推著一個摩托車輪跑。他專心推著輪子，沒有抬頭，最後消失在街角。

露天市場的一輛細木輪犛牛車上，攤著一隻殺好的犛牛。拉車的犛牛靜靜地站在兩根木桿中，在寒冷中呼氣。死犛牛的內臟泡在一桶血中，一名男子用手挑挑揀揀，齒間緊咬著菸，煙竄入空中。我很好奇犛牛血的冰點是幾度。幾乎像隻小馬般的巨型獒犬圍著推車，為丟給牠們的碎肉相互狠咬。牠們與世隔絕，自成一個世界，其中一隻更當街睡在溼冷的地上。

人人似乎都聽天由命，接受了在往後六個月，他們都得封在一顆巨大冰塊中的事實，直到春融前，哪兒都去不了，所幸有衛星電視可以把這股單調麻痺住數個小時、數個禮拜、數個月。到處都找不到告示牌或分類廣告，我不知道如何找到麻將贏家，把摩托車賣掉。

我走回鎮上，這時一名男子走了過來，旁邊還站了幾個人，擋住我的去路。他們似乎都皺著眉頭，令我想起坐公車到康定時上車的牧人——他們的臉被風灼傷，手掌的縫隙和眼角有塵土，身上的袍子灰撲撲又油膩膩，散發著農場動物的氣味。我試著繞過他們，但其中一個幾乎和我一樣高的人抓住我的手臂。他戴著飛行員墨鏡，脖子圍了一條印有龍紋的金色圍巾。

「你很高嘛，」那男人說，人群中的另一人似乎哄笑起來。「你從哪裡來的？」

「我在美國出生。」

「那是好國家嗎？」

「有些方面是。」

「哪些方面？」

在這情況下提出這問題很怪。我在想是否要提我和喬丹一樣高，或是中情局訓練並資助了一支反抗帝國的西藏游擊隊。當然，中情局的目的不是解放西藏，而是鞏固他們自身的帝國，但那部分就不提了。不過我還未開口，其中一人就大叫道，「哈雷摩托車！」

一夥人綻開同意的微笑，拍拍我的背。

「我們想買你的摩托車！」

「你說什麼？什麼摩托車？」

第十三章 石渠

「你的摩托車啊！你騎進鎮上的那輛。」

「但那不是哈雷機車。」

「當然不是，怎麼可能！」一名小個子說，他繞著圈跳，念起了六字真言來。

「好，好，」我說，「我是有摩托車要賣。但你們是怎麼知道的？」

「我們在甘孜買雜貨時，看到你騎著車四處跑。我們坐公車回來後，看見你人竟然就在這兒。這是因緣際會，不可能是意外。你那輛車要賣多少錢？」

我告訴他們我買車的價錢，讓他們稍微殺一點價，但最後我們講定，用幾乎和買價差不多的價格成交，於是我們走回旅館。

「你們身上有錢嗎？」

「有啊，就在這兒。你有登記證嗎？」

「當然。你們為什麼需要摩托車？」

「牧羊唄！」

「把馬子！」另一人呵呵笑著說。

「和你一樣。」第三個人說。

車身布滿了泥巴，但我刷掉後按下引擎，它立刻就發動了。戴圍巾的男子牽出屋外試騎一圈後，交易就完成了。「進來一下吧，我去拿登記證，就在樓上，」我說。

他們在接待櫃檯那裡等我。別著玫瑰髮夾的女孩面色緊張地看著那些人，彷彿他們是一群馴化不全的肉食動物，看似友善，但隨時有可能大開殺戒。

我上樓進房，房裡的氣溫甚至比外頭還低。一種平和感籠罩著我，我感到一種如夢似幻的滿足，我跟著這趟追風之旅到我所能企及的海角天邊，如今要將這輛車釋放回我當初接收它的交換之流中了。那就像我參與了一種饋贈的循環，人們誠心誠意地傳遞禮物，不為利益，從中建立了以其他方式建立不來的緣分。我不費吹灰之力就獲得這輛車，現在它要逸出我的軌道，從一個牧人傳給另一個牧人，從塵土歸於塵土。

我下樓時，感覺到一片奇異的集體沉默，幾分鐘前完成交易時的那種興奮感已經消失無蹤。那夥人站著仰頭看桌後的電視。我猜是更多奧運節目，或是西藏新聞頻道的某條消息。但我走近他們時，看見電視正播放著來自美國的一段影片——一片有河流穿過的廣闊平原，幾乎和西藏的同樣廣大而荒涼，雪如一張地毯覆蓋著地面。軍用卡車與全副武裝的警察成排站著，面對著一名騎馬男子。那人身上既無武器，也沒有做威脅狀，但有一百支槍從武裝卡車後瞄準著他。武器蓄勢待發的力量，那種一扣板機就會釋放的暴力，散發一種超現實感。

就像那段坦克人的著名影像，他在一九八九年天安門事件的隔天，擋在廣場外的一列解放軍坦克前——沒拿任何武器，毫無防備的人體，就這樣隻身站在致命的機械武力前。就像那段影像，眼前這段影片拍攝的不是戰區，不是起義，不是監獄暴動，而是為求基本人權而和平抗爭的場面。即使是戰爭場面，眼見上百噸機械與武力全瞄準著毫無武裝也未犯任何罪的個人，那種殲滅的暴力也令人震驚——他對任何人事物都不構成任何威脅，也許僅刺激到了人們普遍的溫馴順從：順從於對大地的褻瀆，順從於毫不掩飾地，以市場需求為名攻擊人民家園的暴力。

迄今我寫到游牧民族時都不夠厚道，但現在我確信，如果我再搬弄民族大義的陳腐說詞，他們也不會再興奮地靜靜聆聽了。他們帶著驚異的表情轉向我。美國已經不再是哈雷機車、ＮＢＡ職籃或好萊塢的代名詞了。電視上的影像沒有收尾，沒有結局或定論，沒有變化，而是一幅靜止畫面，如果不是男子的髮絲在風中飄揚，幾乎可說是一幀相片。

戴圍巾的高個子看著螢幕，然後轉向我問道：「他們派那麼多士兵去鎮壓抗爭嗎？在美國也是這樣？」

「政府想建油管……當地人，也就是原住民，發起了抗爭，想保護他們的水和土地。」我說。

「民主國家怎麼會有那麼多警察？」

我能說什麼？螢幕捕捉到了帝國隱而不現的暴力，與每個人的美國夢背道而馳。西藏人在自己的生活中見多了這類場面，但人人都期盼美國是例外。

他們再次仰頭看著螢幕，目瞪口呆，不可置信地搖著頭。

我們收付現金，遞交登記證後握了握手。男子歪歪斜斜地騎走摩托車，金色圍巾飄向身後，朋友們則徒步跟上。我站著目送摩托車離開，我的追風之旅結束了，化為過眼雲煙，天色也暗了下來，天上開始散亂地落下雨滴，雨又轉變為雪。

＊＊＊

揣著口袋裡的一捲鈔票，我一步三格地躍上旅館樓梯，繫緊鞋帶，把背包揹上。再度走下樓梯時，我欣喜地感覺到身體的重量傳到腳底，再度連上結實的地面，肌肉與骨頭的運動衝擊著我，鞋帶已繫好，旅程也已繫在背上。我以重力與血流的節奏活動，啊，對兩輪機器與引擎的聲響與力量放手，讓自己脫離最初那種瘋摩托車的狀態，是一件樂事。

我離開前向櫃檯的女孩點了一下牛仔帽。

「你要離開了？」她說。

「對，」我說，「下一班到玉樹的公車什麼時候來？」

「禮拜一才來。」

「今天是星期幾？」

「不是……星期五嗎？」她一臉困惑。

「聽起來不賴。」我再次點了點帽子，然後轉身離開。

「那你要怎麼出城呢？」

第十三章

石渠

「是啊，是啊，要怎麼出城，誰管他呢？」我戴好帽子步出旅館。自從我在理塘買了摩托車後，就再也沒機會戴上帽子，一直把它繫在油箱旁。現在它又能重現江湖了。

走到街上，旅館經理追了出來。

「先生，先生，很抱歉，但我才剛從警察那兒回來。他們說外國人沒有官方許可是不能騎摩托車、也不能買賣摩托車的。你可能會因此被逮捕——他們要我拍下你的護照，交給政府部門確認。」

「那個部門在哪裡？」

「在成都的省政廳。但如果他們確認你違反法規，可能會叫這裡的管區警察來執法。」

「這樣啊，我不想給你帶來麻煩……但成都很遠。我看看能不能在青海的市政廳把這件事搞定。」

我握握他的手，走向城鎮邊緣。雪變得密集，開始積在甫冒出土的枯白草莖上。山丘頂有一間覆盆子優格色的喇嘛寺。我全身凍僵地站在路邊的一間空心磚庫房旁，納悶在這種天氣下，是否真會有人瘋到去騎車，也納悶自己怎麼會瘋到想搭便車旅行。白色融入白色，彷彿有人拿著巨型橡皮擦，擦去了景物的輪廓，將大地化為一塊難以辨認的褐色。五分鐘後，一輛貨車開來城鎮邊緣停下，一個男孩跳下車閃進建築物，取出包裹後回到車裡。我揹著背包跑上前，朝背後舉出拇指，詢問司機是否要去玉樹。

「我非去不可，」他說，「明天路就不通了。」

「我可以搭便車嗎？」

他聳聳肩表示無妨，我爬上車，關好車門。引擎像一隻瀕死的野獸般啟動，我們駛向前方道路的昏茫。

第十三章
石渠

駛出玉樹的公車裡

從玉樹駛向北方的公車

前往玉樹的西藏男子

曲麻萊的肉市

第十三章
石渠

曲麻萊的街景，男子身上的藏袍袖長及地

曲麻萊外的風景

在前往曲麻河鄉的路上修摩托車

第十三章
石渠

曲麻河鄉

搭便車到拉薩與不凍泉的西藏僧侶

可可西里索南達傑自然保護站的管理員

可可西里的青藏高速公路

工人拆掉西藏鐵路上的崑崙關隧道工地

崑崙關隧道工地的工寮與貨車

崑崙關隧道工地

第十三章
石渠

西藏鐵路上剛鋪好的崑崙關鐵軌

西藏鐵路工地的零件

可可西里的西藏高架鐵路

第三部

幽冥地景

*幽冥地景

空蕩蕩的城市如嗷嗷待哺的動物孤兒，哀哀求告。十線大道上無車，無交通，無人，玻璃鋼骨大樓亦無人跡，僅有搏動的電子嗡鳴聲。基地臺刺穿天際線。空中充斥著通訊信號，大氣瀰漫著二元碼的轟炸，試圖接觸在時間或空間中遙遠的人，卻遺忘了此刻胸中的心跳……萬樽馬桶的管子連上化糞池，但其中沒有糞便，沒有手去沖水，沒有皮膚去溫暖塑膠椅墊——

科技閃光、輻射眩光的空白城市。影像監視器以線連接著從山脊那頭的煤層、河流、風汲取動力的電網。遺忘的巨大胃袋，在資源有限的系統中無限地飢餓。從母親的乳房吸乳，打開土地的雙腿，向下挖掘、鑽孔、開鑿、壓榨，幽冥城市便能在空曠平原上發出嗡鳴與火光。政治局人員與水泥黑手黨老闆便能從香港、新加坡、吉隆坡買下卡拉OK女郎，桌上的千元烈酒，財氣外露，流動的貨幣——

人滿為患的大都會也是幽冥城市、幽魂般的身體匆匆過著幽魂般的日子，為虛無的薪水支票做虛無的工作，一切都是來回放射的像素影像、螢幕上的投影……一場殼戲（譯註：以三四個杯子、果殼等容器交互滑動一顆小球的戲法）、一支電路之舞——

幽冥地景，不僅城市如此，平原也是幽魂，山脈是幽魂，河流是幽魂，羚羊是幽魂、雪豹是幽魂，一切都寫在數據庫裡，訂有價碼，在開發、可讀化、貨幣化、全球化的程式中，皆有滅絕的時間軸——

幽冥之嘴，幽冥之肺，幽冥之舌——

可以的話就呼吸吧，可以的話就感受大地吧，你呼出的每道氣息都在消失，每次觸摸都讓你屈從於腐敗的命運，朝深淵的血盆大口加速前進——

從幽冥到幽冥，其間短暫碰觸土壤，歌唱的幽魂、跳舞的幽魂、哭泣的幽魂，眼淚涓滴流過大地，流進幽冥河流，再流入海洋，從呼吸到呼吸，從夢到夢，從鹽到鹽，河流在其間穿過。

14

玉樹

留著髮辮、戴黃色墨鏡的男子大步走到我身邊，牽起我的手，我們像高中情侶般走在街上。他開懷地笑，朝瀝青色的山脈揮舞另一隻手，彎出弧形，山脈似乎把持並支撐著藍天，天光處處閃爍，令人感覺像有人將笑氣打進了玉樹谷。他頭上裹著破羊毛布，以一種意識流般的藏語說話，那深入骨肉的咒文聲軌傳遍大地。在鎮外的山丘上，結古寺在紛飛的絲帶與旗幟包圍下，鶴立雞群地俯視一切。男子放開我的手，調皮地拍拍我的臉祝禱，扎西德勒，然後便轉頭去看小販木推車上的蘿蔔與青蘿蔔了。

馬匹在前工業時期氛圍的商會遊行中，達達地走過街道。牧民們笑著高視闊步，半騎著馬、半跳著迪斯可舞步遊街，他們衣著骯髒，髮絲狂亂。市場邊拉起一排防水布，如波浪斜斜起伏，繫有飾帶，再以繩結綁成一列，街上到處是雞籠與犛牛拉車。我與馬匹和牧民們一起達達過街，穿過市場的喧鬧和擺賣的聚酯纖維襪子與塑膠梳子，下坡時我聽見有人大喊：「喔，美國！」我看過去，原來是前一天讓我搭便車的那個開貨車的年輕人。昨天他冷淡沉默，退縮不語，但現在他揮手喚

第十四章
玉樹

我過去，到路邊麵店裡坐著喝茶。「坐，放輕鬆，喝點茶！你在這裡做什麼？要上哪兒去？」他像破殼而出般神采奕奕，殷勤有禮，雙腿在腳踝處交叉，手指環捧著他那杯茶。

他倒一點茶給我，麵店老闆娘正在地上把犛牛屍體切成小塊。她拿一把小斧劈肉，然後持細刃鋸斷筋與關節。血與軟骨噴濺得到處都是。老闆娘無疑也生有一副犛牛相，腹部與肩膀都很寬厚，她氣喘咻咻地剖開骨肉，將可烹煮的肉片疊成一堆。

「我要去市場，」我告訴年輕人，「我得去買一些暖和的衣服，因為我要去可可西里。」

「哇喔，那裡很冷耶，五千兩百公尺高。」

「沒錯，爬到空無一人的高處。你呢？」

「我要去拉薩。去唸書，或去工作。我姊姊在那兒。」他似乎不在乎自己要做什麼，只是隨遇而安，順天應人罷了。

女人端來他的麵，麵裡堆著犛牛腱與肉塊，飄出香菜與大蒜味。他用筷子攪麵、吐出骨頭時，油跟著噴出來。犛牛的生肉血淋淋地擺在我腳邊的地上時，看起來奇形怪狀，但此刻我的胃和舌頭卻受動物肉充滿熱量的濃郁香氣引誘。反正人人無不是他人的盤中飧，餐餐無不有某物的身體。

所以我也點了一樣的麵，兩人吃得嘖嘖有聲，成為老闆娘斧劈節奏中的切分音。

她一度抬起頭，看得出快喘不過氣來，擦掉臉上的汗時，她說了一句藏語。「她想知道你們在美國有沒有能用來切這種肉的機器。」年輕人說。

我停下來，香濃的犛牛油脂留在唇上。啊，是的，美國的自動機器：電腦化生產的加工廠，處處汙泥與糞便的飼養場產出的包裝肉片，冷藏貨車與高速公路，注射生長激素的牛肉，保麗龍盤裝的土雞翅，屠宰場的電宰作業，熱縮膜包裝的午餐肉，罐裝食品，冷藏箱食品，密封袋裝食品，抗零重力環境的太空真空管食品，畜養一萬隻強壯雞隻的雞舍，圓形和方形等幾何形狀的速食漢堡，五加侖桶裝的豬油與醬汁，將豬肉塞進豬腸的香腸，羊腸製成的保險套，瞬凍魚肉，魚柳條，魚露，在水產養殖場培育的魚蛋，刻有預製情緒標語的情人節巧克力，在紐澤西化學廠調製的工業香料，處方挪威壽司使用的仿鯨肉，夾有不明陽物的碎肉熱狗，去骨火雞肉，六包裝豬排，低熱量電視微波餐，免洗沙拉料，得來速酒類專賣店，微波爐與電動打蛋器，無糖果汁多口味包裝，榨出再加回維他命與礦物質的白麵包，天使蛋糕用料，泡打果凍粉，冷凍豆煮玉米，即食咖哩，搖搖杯起司，波浪狀洋芋片，可製作完美薯條的基因改良馬鈴薯，氫化油，葡萄糖與黃原膠，紅色三號色素及其造成的犬隻膀胱癌，玉米糖漿，玉米澱粉，玉米糖，預爆家常爆米花，鐵氟龍，不含鈉的莎樂美腸，大蒜鹽，脫水洋蔥，金箔紙包的牛肉湯塊，彈蓋式淡啤酒，盒裝酒，肉罐頭。

「噢，是啊，」我告訴那名年輕人，「我們有那種機器。」

第十四章
玉樹

＊＊＊

我在市場找到一間軍事用品店，買了一頂像醉醺醺的蘇俄人戴著跳舞的帽子，附假皮毛耳罩的綠色格紋呢帽。

「這是什麼毛？」我問站在上千雙解放軍軍靴中的光頭疤面男子。他的呼吸有白酒的味道。

「人造毛。」

「我知道，但如果是真的呢？」

「如果它是這個，又怎麼可能是別的？如果它是真的，又怎麼可能是假的？那它就不是本來那東西了，你這問題的邏輯在哪裡？」

「好，這樣說好了：這個人造毛打算仿造的是哪種動物的皮毛？」

「我怎麼知道蘇俄人想像中是哪種動物的皮毛？馴鹿？老鼠？貴賓狗？伏特加獵犬？反正它能保暖你的耳朵，那是一定的。還管別的做什麼？」

三層樓的市場建築是以隔成幾何形的小隔間來管理，但人性與商業逸出了界線，照亂不誤。市場大多是賣香料、藥草與自製貨品，還有我這一路上都敬而遠之的一堆堆聚酯纖維服飾。

「你一定是在尋找某樣東西。」我身邊傳來一個聲音說。

我轉頭看見一位神色平靜的高大喇嘛，他是那種高頭大馬的西藏人，胸膛寬厚結實，幾乎和我一般高，他的身體似乎是用構成這裡的丘陵山脈、廣闊高原的同樣元素構成的。他臉上掛著溫和、若有似無的微笑，眼鏡只有一邊有鏡片。

「你怎麼知道？」

「你張著嘴但兩手空空地站在市場裡。不用神諭也讀得懂你的心思。」

「我想你說對了。」

「你需要什麼？」

「我需要隔熱物。」我說

「保暖用的？」

「對，我要到北方去，到更遠、更高的寒冷地區。」

「直闖最深的寒冬。」他點點頭表示了解。

「看看周圍，大家都穿羊皮袍，但這裡卻沒有人在賣。我只能找到聚酯纖維製的薄毛衣。」

「當然要買藏袍了。這裡的人自己有羊可以取皮，再由當地女性刺繡縫紉，就有了自己的藏袍。市場上是買不到的。但有一間店會做藏袍。你必須量身訂製。我知道那地方在哪裡，可以帶你去。」

「你知道它在哪裡？」

第十四章
玉樹

「當然，跟我來就知道了。」

他轉身在市場的小巷弄中推推擠擠，開路前進。我們擠過一名男子身邊的人潮，他正在賣能連接電子裝置的塑膠喇叭。他展示的各式喇叭中傳出了西藏民歌、佛教講道、壯陽藥廣告的聲音。旁邊的攤子在賣手機殼，還有印著可愛女孩與粉紅色愛心、配小刀與長劍的肌肉戰士等卡通圖案的塑膠手機架。

「你的眼鏡怎麼了？」我問喇嘛。我很好奇他是否有一眼不管用，或一邊的鏡片不見，但找不到可以替換的鏡片。

「沒什麼。」說完他便不再解釋。我想如果我問的是他的木腿或機械手臂，他也會這麼回答。

我們走過拱道，來到鋪磚的市場廣場，踏門進入一間擺滿布匹、人體模特兒、縫了一半的背心與外套的店舖。一群喇嘛和女性朋友們圍繞著一名踩著縫紉機踏板的女子，大夥兒斜躺著聊天，彷彿這是社交聚會。一名年輕喇嘛在地板鋪的狼皮上四仰八叉地睡著了。

「扎西德勒。」我鞠躬說。

他們半回了禮，踩縫紉機的女子以藏語對我說了什麼。

「她問你是不是俄羅斯人。」我的喇嘛導遊說。

「不是，」我說，「我今天才買這頂帽子，但我出生於美國。」

「她有兩個表親在美國，」喇嘛說，「在鹽湖城。」
「許多西藏難民都到那裡安家。她會說漢語嗎？」
「會，」喇嘛說。但女裁縫搖了搖頭。
「我需要一件保暖外套。我能訂製一件藏袍嗎？」
她又搖搖頭，回頭去工作。人人開始以藏語交談，我猜是討論我的需求。但那位喇嘛告訴我，「她說不能。」
「為什麼？」
「她說她不做藏袍。」
我望著四周縫了一半的衣服，其中正有我希望訂製的藏袍款式。
「這些不是妳做的嗎？」我問道。
「她說是別人做的。」
「但妳現在不就在做藏袍？」我說。
女裁縫抬頭以慈悲憐憫的表情看著我，彷彿拒絕我讓她心碎，但她別無選擇。屋裡四處散放著做到一半的藏袍，就這樣站在她的工作場域，聽她告訴我她不做藏袍，感覺很怪。我不知要做何反應。
「我該怎麼辦？」我問喇嘛。
他聳聳肩，「她說她幫不了你的忙。」他說。縫紉機繼續運轉，發出類似嚼咬著結的聲音，我們步出店鋪，回到街上。
「真怪，發生了什麼事？」我問喇嘛。
「你知道，發生地震後，事情就變了。那是一段艱困的時間。」
「什麼變了？」
「死了幾千人。那可是七·一級的大地震，木屋與石屋都毀了。但這只是故事的一部分，很難解釋。也許你應該上山到那間寺廟去看看。晚點我們可以碰個面，吃點東西。你喜歡西藏菜嗎？」

＊＊＊

午後，我跟著縱橫交錯的電線上坡，來到俯瞰城鎮的寺廟。每根電話桿都釘著一間對講機公司的圓型塑膠廣告板，板上印有一個年輕人無比吃驚的臉，附上「哇！」的字樣和公司商標。路的盡頭是一座大廣場，一面真人尺寸的告示板豎立在廣場上，打著同一間公司的廣告，列出它能以哪種不可思議的速度，透過太空衛星傳送訊息。廣場上下都鋪著水泥，中央豎立著一座紀念解放軍的巨大紀念碑。紀念碑有稜有角，頂端傾斜，貌似一架墜毀地面的戰鬥機，尾翼指向天空，不過我想它的用意正好相反——它是要表現那架光滑的機器如何從大地升騰天際。

原本的寺廟是在十四世紀興建，大地震後重建。金屬圍籬環繞著工地，碎木與裂石堆在一旁。一輛吊車將吊臂舉到這重建區上方的六十公尺高。工地裡發出焊接的閃光，吊車吊起一落I型鋼，在空中搖晃。廣場外，堆土機來回行駛，柴油驅動的砂石車轉動著，工人將沙土和砂礫鏟到車上。著軍服的解放軍在廣場行軍，但無人維持治安，只有幾個轉著轉經筒的老人在來回走動，還有常見的外來工人，他們似乎只想盡快掙幾個錢放進口袋後返鄉，其他什麼也不想。

山谷另一頭，經幡裝飾著山脊，在地景上飄動著色彩與禱文，但谷底到處是建造中的排屋，藍色屋頂沿著穿入蜿蜒山谷的直線街道疊建成排。排屋全長得一模一樣——從我這個距離來看，就像大量製造的塑膠玩具。如幾何形腫瘤般的水泥建物豎立在新鎮中央，那是你根本想像不到、更不會希望落實的設計，集八角形、半梯形與細長的三角形於一身。如果西藏土屋是有機地從大地築起，保持著人地和諧，那這些水泥團塊則似乎是來自異國的怪誕建築，屬於不同的宇宙與風土、不同的世界，而非這個山水土石的世界。有些建築物鋪有格狀普通白磚，其他則漆成李子色、紫色、薰衣草色，像是要向西藏文化常見的紅褐色致意，卻因為思慮不周，畫虎不成反類犬，成了諷刺漫畫。

其中最有分量的建築物是長榮酒店，坐落在鎮中心，是一棟十五層樓高的古銅色玻璃建築。因為塊體肥短、占地又廣，所以無法稱之為方尖碑。它是一塊側放的格狀空心磚，四周生人止步，剪成犛牛與藏羚形狀的漂亮花圃，反而像趕走當地人的圍籬。幾名安檢人員站在入口處，但除此之外，酒店彷若廢墟，無人進出，也沒有人在地面上工作。它是一座反綠洲，一小片位在生命之流中央的沙漠，像雙面鏡般反映著自身的目光。門口上方的掛旗打著商務套房與自助午餐的廣告，宣稱在這裡可以享受到首都的一切舒適便利。

在酒店之外，在排列緊密、形制統一得像昆蟲蛋的預製屋之外，二一四國道穿谷而過。我在八百公里外遇見它時，它還是一條以簡單工具粗鑿成的模糊輪廓，浮出於峽谷岩壁之外，但在這裡，它已經是一條豪華順暢的公路，房車、公車、油罐車、運沙的貨車、聯結車、載滿貨物的貨櫃車呼嘯而過。高速公路以水泥柱架在有細流與土墩的地景上方，立在千變萬化的大地上，這條灰色絲帶從南方邊界出發，向西彎到更遠的西藏地區，再回頭前進東北方，最後在西寧結束，而這座有數百萬人口的城市還遠在八百公里之外。我見過建造中的高速公路如何在鋤子與鐵棒的敲擊下一寸寸前進，而現在在這裡，這條混凝土與鋼筋的簡潔直線顯現出了速度，連接著城市、各省首都、商業中心、製造中樞——形成一面連接著國體、國家敘事、國家開發計畫各節點的網格，將吸盤伸向帝國最後一個角落的章魚觸手。

＊＊＊

我的守護僧侶名叫多傑。我們在傍晚碰面後，我隨他進入市場區二樓的一間麵館。那是個充滿蠻荒西部風的地方，不過電視螢幕播的是西藏新聞頻道，不是自動鋼琴。以LED七彩呈現的布達拉宮特藝彩色唐卡在牆上貼成一排，廉價的磁帶錄音機播著哀傷的西藏民歌。我們坐在刮痕累累又凹凸不平的桌子邊，旁邊的鐵爐下是電熱盤管而非爐火。我們點了麵塊，即切成方塊而非條狀的麵團。老闆穿著紅毛衣，鼻子莊嚴地彎向左側，老闆娘的髮間別著三吋寬的大徽章，像個小帽子般窩在她頭上。他們有三個漂亮的女兒。老闆叫年約八歲的小女兒來倒茶。她聽話倒了茶後，對著我下巴的小鬍子笑了出來，指給姊姊們看，回去時還突出下巴模仿我。她可能是我見過最迷人的小東西。另一桌簇擁著一群年輕喇嘛，桌上堆滿啃到一半的骨頭、菜屑和筷子。一股溫暖愜意的親密感瀰漫四周，彷彿上門的都是或遠或近的朋友。

「你上去看過那間寺廟了嗎？」多傑問我。

「去過了。」

「它被地震震倒了。」

「我猜也是。」

「當時有很多孩子死了。學校垮下來壓死他們。那些建築物都是用劣等建材蓋的。你知道那代表什麼嗎？那代表負責預算的人買的是廉價金屬，不是鋼梁，然後把剩下的錢全吞了。於是學校垮掉，壓死了我們的孩子。幾百名孩子。當然也有成人。」我看過那些崩塌的建物與被壓死的屍體相片，他們被壓縮到同年同月同日死的同步毀滅中。孩子們的肢體不全，如天使般纖柔甜美的臉上覆著蒼白的死亡陰影，從如壓扁烙餅般的學校建物中露出手腳，父母流著淚，悲傷難抑。

「我能了解人們會因此改變。」

「不，改變人的不是那個。災難對我們來說司空見慣，那不會改變我們。被政府欺騙，或是下獄並挨餓，對我們來說也是家常便飯。不是我們選擇如此，但總之是習慣了。改變的是其他方面。」

盛在大碗中的食物冒著蒸氣端來了。我向老闆討辣椒，他叫女兒去拿，又要她拿第二碗辣椒給我們，以免不夠。即使是喝一小口湯，小女兒也一直拿辣椒來填滿我們的湯匙，然後她跑回去爬上椅背，給她母親一二三四五六七個吻，才回去讀練習簿的數學。

「地震把全鎮震得一塌糊塗。救援隊幾天後才來。路況很差，所以救濟品花了一些時間才送達。最後政府團隊也好不容易來了。幾千名軍人來這兒挖呀挖，協助拯救能拯救的人。在那之前，我們用雙手挖了好幾噸土石。連鏟子都挖壞了。

軍人來時像英雄一般。但後來他們留了下來。玉樹向來是西藏城鎮，但如今我們卻成了少數民族。政府承諾重建城鎮，也確實重建了。他們建了新公路。來的人愈來愈多。軍隊開來卡車，運來槍枝，把這座鎮重建得像一座低地城市，像首都的近郊。

他們在這裡斥資幾十億元，但卻帶外地的工人進來。本地人養不了家，從城鎮的重建工作中也找不到任何差事。

他們開始興建新的高速公路，宣稱它有多方便，能如何促進經濟。我們沒想到來這裡旅行變得容易，或更多軍人僅要一天就能來這裡，會如何改變這地方。

高速公路把土地切得零零碎碎。公路完工前，我們的生活和土地是完整的，不是切成好幾部分。數個世紀來，西藏游牧民族在草地上遷移，夏天將牲畜帶到有草的地方，冬天再回來避寒。遷徙是生活的一部分，是我們的循環與季節的一環。但現在公路像把刀，把土地切得零零碎碎。牧民們沒辦法帶牲畜穿過公路。瞪羚和藏羚群也過不去。狐狸被路殺，但駕駛們連自己撞上什麼都不知道。以往要花好幾週或好幾個月才到得了首都，但現在只要二十四小時就到了。八小時就能到青海省會西寧，再從那裡搭火車。這表示只要八小時就能抵達最近的軍事要塞，獲得最近的援兵。有了公路後，我們就永遠在步槍的瞄準範圍內。那不是一種怡人的生活方式。有一把槍抵著你的後腦，這樣你很難過日子。隨便什麼雞毛蒜皮的小意外或小誤解，你就有可能一命嗚呼。好比說，如果不論你到哪兒，你的電話都能追蹤到你的行蹤，記下你說的每句話，那就算你沒做錯什麼事，也可能惹禍上身。」

一個披著灰色羊毛斗篷的男子站在展示一盤盤肉的玻璃櫃旁。角落堆著啤酒罐，絲製經幡掛在牆上髒兮兮的鐘上方。老闆拿來一碟鹽，並詢問我們還需要什麼，不過我們根本無須開口，他老早就預料並滿足了我們的需要。老闆咧嘴笑，試著用英文吐幾個字，小女兒聽了笑得前俯後仰，把練習簿拋向空中。他羞怯地笑了笑，親了一下女兒，然後走回去坐在妻子身邊。

「地震讓我們失去了很多，」多傑繼續說，「房子被震垮。但我們失去的不僅是房子。政府承諾要給每個人一棟房子。但他們先搶走土地，說要先取得土地，才能重建城鎮。然後呢，工人和軍人開始蓋房子。你在寺廟也見到他們了。那些房子都是一式一樣的水泥盒，挨擠在一起。那不是西藏的生活方式。這已經不再是西藏城鎮了。我們再也認不得自己的家。你有房子，但那房子像監牢一樣。門沒有鎖，你可以任意來去，但你還是被囚禁了。人們沒有錢，沒有別的地方可去，這是你唯一能住的房子，但這已經不再是你的生活，不再是你的家了。這裡沒有有刺鐵絲網，沒有守衛塔，但這是一座你逃不出的監獄。

你看見那個大飯店了嗎？他們告訴我們，經濟發展後，錢就會滾滾來到鎮上，到時就有工作了。但建造工作、行政工作、管理工作卻沒有我們的份，我們只能打掃房間、刷刷馬桶。幸運的話，你可能偶爾有機會拿公事包，但飯店空無一人，只有能領薪水的低地工人在那兒。地震和重建都不再是新聞後，官員和記者就不再來了，而他們是唯一待過那間飯店的人。」

這又是一個鄉痛（solastalgia）的例子，這個詞一語道出了我們這個時代的特質：人未離家卻想家。對已經消失的家園產生鄉愁，它已在你腳下轉變成你不再認識、不再歸屬的地方。

一群人進門坐下，點了啤酒，他們說說笑笑，將菸蒂丟在地上。儘管多傑描述了那種四分五裂與失落，但我就喜愛這裡泡沫般的混亂生活，這裡的生活仍是不受禁錮、不受管控、不受制約的，一切渾然融為一體，就像讓我搭便車的那個年輕人，他不清楚自己要去拉薩做什麼，但仍滿足於等在前方的人生。我猜這麵館裡的女兒們也會日復一日地在這裡工作，不到十八歲就嫁人懷孕，但我仍然喜愛他們的風格、他們的幽默感與尊嚴、他們髮辮裡的寶石、他們閃亮的衣袍緞面縫邊、他們燦爛的笑容與自告奮勇、他們不帶羞怯或心機的大笑與分享。他們是從在地文化沃土中盛開的花朵，無論多脆弱，仍繁衍至今。

我們結束用餐，一番拉扯後，多傑仍不願讓我付帳。他用藏語對老闆說了什麼，後者一口回絕了我的錢。我們起身離開時，多傑說：「你知道嗎，地震後有很多記者來，他們藉由報導我們的苦難來賺錢。嗯，我們也不怪他們。記者幫了我們，尤其是外國記者。許多外人喜歡這裡的風格、服飾。有些人……嗯，也向當地人買藏袍。他們找不到市場買藏袍，這你也知道，所以他們只能向藏民本身買藏袍。人們是從身上脫下藏袍來賣的，然後藏袍和買家從此不相往來，不會再見。這裡的人需要錢，得盡一切力量糊口。那些人或許不了解，但他們是直接從我們身上取下我們的文化，當成紀念品帶走的。我想你了解我在說什麼。」

「是的，我懂了。」

多傑和我穿過門簾，走下樓梯到街上。他向我告別，到他要去的地方。這時有人大叫：「嘿，美國先生朋友！」我仰頭看到麵館的三姊妹排成一排揮手道別，邊叫喊邊咯咯地笑，半個身子伸出二樓窗外。她們看起來如此美麗又快樂，令我熱淚盈眶。我走上街，兩個男孩大聲對我說扎西德勒，我伸手輕輕拍了拍他們的臉，像早上那名男子做的一樣。他們抓著我的手一起上街，然後彎腰道別，說的仍是扎西德勒。

＊＊＊

我決定再訂一次藏袍看看。我進門時，女裁縫抬頭，臉上掛著甜美而憂傷的微笑。不知道她在地震中失去了什麼具體或不具體的人事物。

「抱歉打擾妳，但我只是想再問看看能否訂做一件藏袍。不必完全遵照傳統風格，不需要刺繡和織錦。」

「你為什麼這麼想要藏袍？」

我把她開口說漢語當成一個好徵兆。「我要去可可西里，需要保暖衣物。不是裝飾用的。」我說，雖然不能否認，我確實想用一點西藏風格來妝點自己。

「噢，那裡真的很高啊——你為什麼想到那麼遠的地方去？」

「去看荒野。我想看看那片土地和山脈，還有藏羚。我也想看看那條通往拉薩的鐵路蓋得如何。」

「那裡實在太冷了。」

「我知道！我一定要去，但我還想保命。」

她環顧四周，和朋友交談，然後轉回來對著我。

「你只需要一件普通的藏袍，所有裝飾都不要？要不要一條可以束緊的皮帶？」

「要！」

「你得自個兒去買材料，市場裡買得到。」

「我去買。」

「袖子呢？」

「袖子怎麼樣？」

「你見過的，在康巴這裡，藏袍的袖子長得拖地。」

「我知道，那是這裡的風格。」

「不僅如此，那是為了跳踢躂舞！這樣袖子才能像龍尾一樣在空中揮。那是傳統。當然，把手臂裹在袖子裡，也能保暖雙手。但你應該用不著及地的袖子吧？」

「稍微比指尖長一點就夠了，比較保暖。反正我不懂怎麼跳踢躂舞。」

「很難說，也許你會去學喔。你喜歡藏族女孩嗎？」
「她們是世上最美的女孩。」我真心誠意地說，她開心得笑了出來。
「好吧，來量量你的尺寸，就開始動工了。我可以在三天內做好你的藏袍。」

＊＊＊

多傑似乎沒有其他事好做，所以他來幫我打理上路的裝備，帶我到市場攤子買羊皮和幾碼羊毛織品。三天後，女裁縫和友人在我試穿新藏袍時嘰嘰咕咕，你一言我一語地說我穿起來很帥。藏袍外層是深藍帶紫色的強韌羊毛織物，內裡是雪白的羔羊長絨毛。她在領口和袖口的獸皮和織物間，縫了一圈綠松石藍的絲邊。衣服的前襟交疊，垂到大腿處，以皮帶繫緊，這是喜馬拉雅式的和服。
「你看看，多像個西藏人。」
「我們得開始為你找個西藏妻子了。」
「但你還得先學藏語啊！」
「還要學踢躂舞。」
「穿著藏袍到可可西里是我的夢想。我要怎麼謝謝妳們？」
「回來這裡看看我們就好了，我們只要求這個。」

「我會的。」
「你明天要去哪兒？」
「曲麻萊。」
「去那兒做什麼？」
「我要繼續沿後面那條路到可可西里去。」
「那裡很遠又荒涼，空無一物：只有幾棟牧民的屋子……和一條穿過荒野的土路。」
「而且沒有公車。」多傑說。
「我再看看，也許能發現什麼。我可能會搭便車。」
「沒人會開車去那裡……你能讓人騎馬載你嗎？」
「再看看吧，我會想辦法的……如果沒辦法，那很快就會回來。」
多傑在這場漫長的道別中大多不發一語，最後才說：「如果你見到達賴喇嘛，要請他賜福——當然，賜福給你自己，但也賜福給我們，還有我。」
他無法親自實現願望的這番話聽來悲傷，但他的眼神一如既往地安祥溫暖，彷彿世間一切皆適得其所。
穿著以當地羊毛縫成的藏袍，我感覺煥然一新，也更親近這個地方的土壤及山脈了。我走回鎮上時，街上的人都對我豎起大拇指，老人止步以燦爛的笑容對我說扎西德勒，然後以西藏的傳統方式伸長手臂打招呼。

當晚，我打包行李，準備搭一早的公車到曲麻萊。經過這幾天與多傑的相處、笑談、用餐、參觀市場，還有這段訂做藏袍的過程，我感覺自己擁有了一切，也像什麼都沒擁有。我只過眼前的日子，沒有要期待的未來，也沒有要懊悔的過去。前方的路開闊而充滿朝氣，但同時，我也沒有非去不可的目的地。在大地的條件中以自己的骨肉存在著，那便是一切，也是空無，萬物始終在消失，隨時都會在彈指之間、在大地的一次震動中消隕。

15

曲麻萊與不在地圖上的路

清晨，玉樹的公車站，老婦人擠在公車周圍賣一包包印有西藏六字真言的漿紙，人人都在天寒地凍中發著抖，嘴裡吐出的氣化為濃厚的白霧。我的藏袍將白色羊毛灑入整個宇宙。公車裡有種歡慶的氣氛，我也加入眾人，買了兩元符紙。男人將麻袋抬上公車頂，司機再拿繩子繫在架上。大家擠進公車，車子開過城鎮，引擎一路喘得厲害。我們經過轉向東北方的二一四國道底下的通道，在顛簸中循土路朝西北前進，進入半覆著雪的黑褐色山脈。走道對側的男子用牙齒打開一瓶啤酒，吸了吸湧出的泡沫，然後咧嘴笑著遞給我。另一人靠過來，搓了搓我袖子邊緣的柔軟羊毛。「嗯，好東西。」他說，彷彿這證明了儘管外貌不同，但我的心不會離他太遠。

我們踉踉蹌蹌地上坡，通過第一個山隘，四面八方全是雪峰，除了車子來往的土色小路與褪色的佛塔經幡，四周一片白雪皚皚。我們將符紙灑向窗外的風中，以共同的儀式向山隘的神靈致謝，人們歡快地大喊，然後我們繼續下坡。但一過了山隘，半數的乘客就拿出口袋中的數位裝置，瞇著眼看螢幕，彷彿他們脫離了大地的束縛。

第十五章
曲麻萊與不在地圖上的路

公車在水泥色山脈間迂迴前進。我們跟隨一條銀色河流，進入一片草地開闊的風景，一簇簇黃褐色草中露出紅土。變幻無窮的雲影滑過山丘，形成斑駁的光影。我們駛進一片綴有鐵藍色池塘的金色沼澤地。畫有黑頸鶴圖像的路標寫著「荒野保護區」。再往前一公里多，兩隻圓滾滾的黑頸鶴站在湖邊，一隻大鷹棲息在電話桿頂端。

我們經過另一道山隘，山凹有結冰的土坑，薄霧貼近地面。從另一側下坡後，土壤轉變為熟大黃的顏色。山谷向外開展，淺而寬闊，一條藍綠色的河在黃色河堤中流過。山丘的斜坡呈扇形，就像一百萬年前幾支十五公里長的槳划向上游鑿成的。

公車不停地隆隆前進。我再度回到基本的存在狀態，岩漿與泥炭。景象很原始，彷彿光已變回土石。我們遠離了人類與其凝聚的一切努力。我很篤定一切已遠在天邊，再也無法回頭。

但我們攀上高地後，前方便升起了一座海市蜃樓般的城市。大樓閃著金色、古銅色、鋼灰色，高聳入雲。那就是曲麻萊了，立在虛無飄渺之中，在陽光中閃爍，矽晶意識的種籽已飄到這裡生根。這是一片鋁、黃銅、鋅、鐵、俯衝的卵形與弧形、斜頂與牆面的地景，拱壁四處飛揚，左右傾斜，五十層樓高的大樓穿入空中，形成深罅與反梯形，機器味濃厚得似乎無人類立足之地。車窗鍍銀的軍用車輛在街上穿梭，車身有稜有角並呈斜面，飾有砲架、天線、雷達碟。我們駛入曲麻萊時，可以清楚見到大樓裡皆空無一人。它們是閃閃發光的虛無空間。這座幽冥城市是大水壩的近義詞。國家開發計畫挖空山脈，將之化為幾何線條與形狀，再以河流的水力來抬升並照明，大地像經過牽引打鼓機的整頓，變得平直方整，成為可用介面。這裡對自然界而言是如此機械而異質，當一隻黑白小鳥高歌著飛入天際，人們會紛紛走避，以為遭受了攻擊。

高樓大廈少了玻璃板，就像被打落了牙，只是玻璃板不是牙齒，也沒有其他功能。風可以長驅直入三十七樓高的空塔，不受遏止。如果方尖碑在荒野呼嘯，但四下無人聽見，那它真的發出聲音了嗎？

但還是有人聽見，因為地面上有人，儘管他們與凌駕人群的鋼骨玻璃大廈風馬牛不相及。在穿過鎮上的唯一一條街上，生命似乎仍如五十或五百年前般卑賤不堪，沾滿黑煤，彷彿人們忘了清除爛泥與汙垢，留下乾淨的地基以興建摩天大廈。又或者這無關緊要……也許整座幽冥城市只是預算報告中的一項，一旦建成，就已經發揮了功能，為某些人的口袋裝滿了金子與皮毛。

公車靠邊讓我們下車，司機卸下車頂架的包裹。在一間飯館裡，人們從堆滿肉的盆中吃食，吸吮骨髓。男男女女像深受寒冷與貧窮打擊般拖著步子，穿著鼓脹得如隔熱裝般的帆布外套。人們手裡拿著數位裝置大聲喊叫，或像海螺般拿在耳邊，或在一種下巴鬆弛的催眠狀態中盯著它們。

第十五章
曲麻萊與不在地圖上的路

街道下的塵土裸露，但新鑄的水泥下水道已沿著街邊建好。條紋防水布上方的掛勾掛著羊屍。人們步履沉重，彷彿所有精力與意志都已投入維繫生命的保暖要務中。寒冷像一具馬鈴薯削皮器，你必須穿很多層衣物，它才不會剝到你的心。

我跳開閃過一輛駛來的軍用高爾夫球車。我沒有聽見它直朝著我開過來，它靜靜地疾行，縫隙裡隱約露出霧黑色的盔甲與砲口。那輛車看起來像會為了微不足道的藉口，就把我逮進某種惡趣味的小審訊室。

「這些東西是什麼時候來的啊？」我問一個正在切肉的男人，他的袖子上有凍結的血塊。他抬頭說：「喔對了，他們去年出現的，從山那裡帶來了一群游牧民族。他們人很好，會帶孩子們四處兜風。」

我住進一棟十二層樓高的建築物，磷灰色磚在午後的天光中微微發亮，不過只有一樓對外開放，泛酸味的房間沿著廊道伸向四面八方，走廊有螢光燈管。我走上一條如地下豎井的走道：沒有人跡，沒有自然光，也沒有四面風景可看。有一扇門是開的，我經過時，看見一個身材走樣的大媽坐在床上，彎身的樣子像在打算盤。另一張床上坐著兩個穿薄紗洋裝的小女孩，在天寒地凍中如虛弱的毒蟲般顫抖，扭著身子取暖，或希望不被看見。但這裡沒有暖氣，也沒有她們的藏身之處。

＊＊＊

我收好背包，走出旅館後門，爬上高處。曲麻萊的外緣有水泥建物，又長又矮的長方形，如工寮一般，屋頂是紅色。這些建物和當地環境沒有明顯的關聯，彷彿這座城鎮是自我繁殖、自我生成的。眼下沒有任何一棟西藏屋舍或建築物。我懷疑這座城鎮不是脫胎自先前的西藏聚落，而是完全從中央官僚體系的觸角中生出的，將牧民從綿亙數百萬公頃的遼闊平原中，趕入畜欄般的小屋管理。

走出大街八百公尺，就離開了那座幽冥城市。四周除了連綿不絕的荒野，一無所有。一座寬闊平坦、呈鼠尾草藍和蜂蜜琥珀色的盆地，在午後的陽光中向遠方延伸。丘頂豎立著一座土製小佛塔，圍在四周的經幡已經裂成條狀，褪色褪到跡近半透明。兩座丘陵的鞍部流過一條閃著單調錫銅色的河流，我極目遠望，一名女子正走向盆地。藍灰色的雲朵飄過她身後，遠方的天空在雨中變得朦朧。她輕快地跨著大步，趕著十幾隻犛牛魚貫走下紅土小路，到盆地裡過夜。她穿著深色外袍，戴著亮粉紅色頭巾，彎下盆地時，她用一條繩子鞭打犛牛，嘴裡唱著高亢入雲的旋律，輕快地引吭並略為破音。旋律在上空盤旋不去，猶如人的幽魂。它似乎掌握並表現出了在我們周圍日益縮小的空間，透過女子歌聲的折射，纏繞也釋放著世世代代，大地透過她的身體起而高歌。

她循路穿過土堆與草皮，接著轉向南方，走向有成排山丘的另一個盆地開口。落日西下，珍珠色的斜陽襯出雲朵的輪廓。刺骨寒風從外衣隙縫穿入。灰色雨幕來到盆地另一頭的邊緣。我回到鎮上，大雨從我身後一千六百公里處的荒野逐漸靠近。

＊＊＊

曲麻萊位在路的盡頭。憑著一股信念，我計畫沿著土路往北走。看著從玉樹北方與西方的空白地圖空間向北畫的藍色河流，我確信那裡一定有路，但我所能找到的唯一資訊是，那裡有很多要命的山賊。到了玉樹後，我終於找到了一張當地地圖，顯示有一條土路從曲麻萊轉向西北，通往一百多公里外的不凍泉，直抵可可西里的荒野邊緣，那裡正在興建從拉薩到首都的鐵路。

隔天醒來，大霧仍籠罩著城鎮與盆地。霧散後，剛落的新雪使山腰發出凍骨般的幽微光芒。幽冥城市的高樓大廈聳立在閃閃發亮的虛空中，外觀沒有任何改變，對多變的天氣不為所動。我走出房間吃麵塊當早餐。雨雪紛飛，落在飯館攤子的錫屋頂上，發出叮咚窸窣的聲音。一名年輕女子在炭火爐加熱過的水盆中洗髮。她一面哼唱小調，一面捲起並纏繞長長的髮絲，烏黑滑順的秀髮。

塑膠垃圾碎片半埋在街緣的土裡。穿著厚重軍用外套的一男一女對一隻羊腿討價還價。鎮上的兩條街在圓環處交會，圓環中豎立著一座犛牛的大型金雕像。這是當局編列大廈預算時免費塞進的裝飾嗎？某種向當地文化致意的速成手勢？誰知道呢。誰又知道這個圓環的成立究竟有何目的？因為這裡沒有繁忙的交通，只有幾輛吉普車停在路邊，偶有一輛軍用卡車駛過。連裝甲高爾夫球車也沒有出來繞一繞。

兩名男子騎著摩托車，後座堆著新鮮羊皮，是帶血的生皮，才剛從羊身上剝下來的。一輛牽引車拖著一摞土經過，有個農家女站在護板上，在冬日的天空下雙頰泛紅地微笑。滿臉滄桑的老人站在一間飯館門口，髒汙的灰色藏袍垂下袖子，拍打著雙膝。女人揹著裹毛毯的孩子走過。小零售商聚在金犛牛周圍，站在塑膠防水布上，擺賣各式各樣低地來的成堆毛衣、夾克、襪子、帽子。一群年輕人與男孩圍在我身邊。我告訴他們我想到北邊的曲麻河鄉。他們聳聳肩搖了搖頭，一聽到我說要去那個極遠之地，便對我失去了興趣。那裡沒有公車可到，他們你一言我一語地說，如果想要的話，可以搭便車看看，然後他們指向城鎮邊緣，前方九十公尺處。

我走上馬路，再度納悶自己為什麼不先詳加計畫再啟程，忖度著自己有可能找不到車搭，到時就得困在這裡的雪中幾個月了。土坑覆著一層冰。一隻毛蓬亂糾結、角彎來繞去的羊埋頭在垃圾堆找東西吃。肥厚、沉重的雪花噴落，路面開始消失。一隻狗經過，雪聚集在毛皮上，彷彿把牠也化成了一縷幽魂。藏獒的毛皮很厚，等氣溫降到冰點以下，雪對牠來說可能是另一個絕緣層。

一群梳油頭、鑲金牙的西藏潮客正圍著一輛吉普車兜圈子，脣邊斜斜地叼著香菸，他們只是隨意晃盪，沒有什麼意圖，不過有一輛隨時能開走的吉普車，就已經是鎮上的大事了。司機正拿絕緣膠帶把方向盤包起來，就像拳擊手上臺前先把手裹起來，另一人則在車蓋下摸摸弄弄。後座堆著箱子。我走近時沒人抬頭，我站著看他們做離開的準備，但我問他們要到哪裡去時，簡直不敢相信司機的回答：「曲麻河鄉。」

* * *

一小時後，我坐在車子後座上路，將這座幽冥城市、這座空中的金屬剪紙拋在腦後。我們開到土路上，進入虎紋般的山岳——雪花在黑石上堆積成白色閃亮的肋狀長條。排水溪盤曲而下，在山腰低處凍結為冰，像滑入谷底的蝸牛路徑。

車上的兩人是兄弟，剛從玉樹市場辦完事要返家。司機的長髮糾結，生著一張馬臉，說話鄭重而自信，是兩人中的領袖。弟弟較矮胖，態度含蓄保留，小鬍子修剪得整整齊齊。他負責事情的技術面。

我們不是唯一上路的旅人——車隊裡還有兩名摩托車騎士，其中一名騎士的妻子和我們一起坐在吉普車裡，懷裡抱著小嬰兒。摩托車光滑而英挺，漆著紅藍相間的賽車條紋。他們呼嘯而過，消失在我們眼前。

車子後座僅容得下一支煙囪，但我與那個女人和她的寶寶擠在一起。腳下盡是箱子，兩人之間塞了很多麻袋。我就像張休閒折椅般擠在後座。司機要我把一只壓力鍋和鞋盒放在腿上。我們顛簸前進時，我從髒兮兮的塑膠窗片，看向

成堆　成層　鰭狀　手指狀　穗狀　如紗　如根
一灘灘　一落落　一簇簇　一縷縷　一條條　一堆堆
鼓凸的　流淌的　交錯的　裂開的　臉頰般　喉頸般
絲帶般　舌頭般

的岩石與雪，散布在一群接一群的山峰間，我們磕磕絆絆，顛顛簸簸，往上通過關隘到另一邊下坡。

女人穿著滾紫色絲邊與豹皮領的長藏袍。髮絲與耳朵垂下銀飾與綠松石。她瞧也不瞧我一眼，雙眼似乎是專門用來看我永遠理解不了的旅途或地平線的。我怎麼可能了解呢——對她來說，這趟市場之旅意味著要走兩天的土路，而我則是從有便道、商店區、超市的地方來的，在那個世界，速度易如反掌，購物往往是消遣或怡情。

我能用來與她交談的唯一語言，是把她的家鄉變成勞改營的殖民者的語言。

一九六五年政府設立「西藏自治區」時，把西藏東部重新命名為「青海」，自此正式將西藏的版圖一分為二，彷彿要令其原生的生命消失，將古老西藏的衛藏、康定、安

多地區，同化融入國家的結構。

我們趕上停在路邊的摩托車。兩名騎士正彎身修理其中一輛車，拿扳手敲打著輪軸。其中一名騎士厭煩地搖了搖頭，但他說無論修不修得好，都要繼續前進。我們路經一個舊聚落的遺跡，泥磚牆已經坍塌毀壞。

「這是什麼？」我問那對兄弟。

「以前的曲麻萊。」司機說。

「發生什麼事？」

「軍隊在一九六四年摧毀了這地方。」

「為什麼要這麼做？」

「傳統生活方式會破壞生態系統，所以政府建了新的曲麻河鄉，也就是我們的家鄉，然後把舊屋的牆打掉，這樣就沒有人能搬回來了。」

司機一臉漠然地說完這番話，語氣中沒有一絲諷刺。當然，真相正好相反——傳統聚落可以在原地延續成百上千年，通常不會破壞大自然，但強迫他們融入工業社會往往才是破壞的先兆，而且一旦被迫遷徙，就沒有人能留下來抵抗了。我不清楚司機是否真的相信政府的宣傳，或只是拒絕表示任何意見。

從一九五〇年代起，低地軍人與工人就被送到西藏各地居住，這種人口遷徙持續增加，到今日藏族已經成了自身家鄉的少數民族。一九五〇年代中期，這類占領的壓迫日益沉重。依據凱羅爾・麥格納罕（Carole McGranahan）博士在期刊文章〈中情局與四水六崗衛教軍〉中的說法，在藏東以往稱為康定地區的地方，「人民展開一系列獨立抗爭，中國野蠻地以空襲與陸上作戰鎮壓。」一九五八年，反抗勢力結合為一支康巴藏民游擊隊，亦即四水六崗，成員有農民、僧侶、牧民和商人。中情局出資支援藏民的反抗，依據該行動領袖羅傑・麥卡錫（Roger McCarthy）在其著作《蓮花淚》（*Tears of the Lotus*）中的描述，這幾百名士兵在科羅拉多州黑爾堡（Fort Hale）接受游擊戰的作戰訓練。四水六崗從西藏邊界外的尼泊爾基地發動襲擊。

一九六一年，他們取得並傳送了幾千份祕密文件給中情局，向西方透露大躍進時期遍布各地的飢荒，以及中國在西藏的種種暴行。文件顯示，「單是在拉薩，從一九五九年三月到一九六〇年九月，就有超過八萬七千名西藏人被中國軍隊殺害。」一九六九年，尼克森試圖與毛澤東政府建立友好關係，西藏反抗行動因而中斷，留下藏軍孤軍奮戰。四水六崗到一九七四年才停止軍事行動，當時達賴喇嘛錄了一段話寄給他們，告訴他們透過和平方法尋求西藏自治的時候到了，要求他們放下武器。有些人放下武器後便自戕身亡。

無論他知道什麼，或是否願意透露這段歷史，都不難把這位司機想成驕傲的康巴戰士，騎著馬拿舊式獵槍開槍射擊解放軍。

我們繼續在有一條寬闊灰河流過的長谷中前進。遠處有牧民人家騎馬穿過，放牧

第十五章
曲麻萊與不在地圖上的路

著犛牛與羊。我回想起十八世紀中國流亡詩人杜甫的著名詩句：「國破山河在。」但日本詩人七尾榊的反轉可能更符合我們這個時代：「山河破，國家在。」

下午又開始下雪。風狠狠吹擊吉普車。車頂其實並不堅固，僅是釘牢的塑膠殼，沒有什麼絕緣效果。風從封得不全的縫隙中鑽進車裡。路過的景物如老黑白電影般布滿顆粒和雪花。司機咒罵並猛轉方向盤，奮力讓我們駛在斷斷續續的小路上。沒人開口。這趟旅程讓所有人心力交瘁。我們的焦點似乎是要讓司機專心——就像有人問狄蘭．湯瑪斯（Dylan Thomas）飛越大西洋旅行累不累，他回說一顆心懸在那裡撐著飛機，讓他累壞了。

夜幕降臨，景物與道路都融入夜色。昏黃的大燈在橫掃的風雪中幾乎一無是處。四周毫無任何生命或燈光的跡象，但司機仍沿著已經看不見的小路，小心翼翼地開著吉普車。我們顛簸地駛過一處轉彎，一對大燈的強光突地照過來，光線強到比黑夜的風沙更令人盲目。司機猛踩煞車，儘管我們每小時不過開八公里。在光束中，我看見有人擋在路中央。我心想，完了，山賊來了。司機走出車外，砰一聲關門，弟弟一同下車。我也隨同去觀望前方的動靜。

但原來是我們車隊中的那兩輛摩托車。其中一輛爆胎了，騎士們正冒著大雪換輪胎。他們把車向前推，讓吉普車的燈與第二輛摩托車的燈照亮輪胎上的洞，人人都在風中大喊大叫。撐腳架撐不住，機車摔倒壓著我的腿，我牽起車，讓輪子離地。我不清楚他們是如何換好輪胎的。我的手指麻木僵硬，寒風灼燒著我的耳朵。我把俄羅斯帽留在車裡是有原因的。我想比起凍傷來，我更擔心被山賊射殺。我閉上眼睛扶著車，羊皮袍裡開始出汗，四肢卻完全凍僵。修輪胎的騎士大叫，司機的弟弟走回吉普車拿出打氣機。破洞補好後，他們輪流為輪胎打氣，然後就準備上路了。吉普車裡冷若冰霜，失去了身體保持的任何一絲溫度。女人把嬰兒裹進袍裡。司機發動引擎，我們緩緩前進，摩托車在我們前方的風雪中探路。在肆虐的夜晚寒風中，全世界僅剩下四道光束。

到曲麻河鄉的最後幾公里，花了我們一個小時。在黑夜的寒風裡，什麼也沒有，只有一扇門發出長方形的光，我們停在那棟屋子前。摩托車騎士和女人到別的地方過夜。我下車站在吉普車旁，尋思下一步要怎麼做、上哪兒去，感覺像來到夜裡漂浮在海上的一座冰山。司機走過來，把手放在我肩上，用他毛茸茸的笑容說：「和我們一起進屋吧。」

我跟著他進入這家人的屋子，那是一棟雙拼式的水泥建築，鐵爐正燃著犛牛屎。這家子的男人開心地到門口來迎接我們，拉著我們的手進屋。這家人的結構鬆散，有叔舅、表兄弟姊妹及其眷屬，各家的孩子和嬰兒正吸著奶瓶或拉著某人的衣角要求關心，或哭著要喝奶。

他們邀我坐在最靠近鐵爐的椅子上，其中一人穿著汗衫，臉上的鬍子一週未刮，

第十五章
曲麻萊與不在地圖上的路

他坐在我旁邊，問我叫什麼名字，然後介紹自己和屋裡的每個人。一個三歲左右的小男孩爬過來，拿了一輛玩具車給我。我把車放在地上，發出引擎的聲音，將它推到屋子另一頭，小車撞到桌腳。男人拿糌粑和酥油茶給我。我試著把糌粑攪進茶裡，但一如往常地笨手笨腳，他見狀彎身拿起碗，親自用手指攪拌並揉麵。不一會兒，所有人都坐下了，拉開桌旁的椅子，一個揹著嬰兒的女人拿了裝滿肉排的金屬盆過來。男人們從掛在皮帶邊的刀鞘中拔出刀子切肉吃。一名男子和悅地笑著遞給我一塊肉。我咀嚼後吞下，最後手裡滿是泛著油光的肉骨頭，連手腕都是油。那名女人露出乳房來餵奶，那個三歲大的男孩爬到她身邊，但母親不准他喝奶。他坐在地板上哭，直到一個男人把他抱到腿上，餵他吃小塊的肉。人人都以藏語交談，像接受行李般自然地接受了我的存在。

房裡另一頭接上汽車電池的電視，正播放著一部動作片。一支解放軍隊在叢林裡急奔，為社會掃蕩臃腫生瘡、戴著金鍊的毒品走私犯。小隊隊長被殺後，副隊長接手領導眾人。在漫長的追逐後，他們抓到了走私毒品的大頭目。他被綁在樹上，絮絮叨叨地坦承他的罪行並告饒。

副隊長離開後，那名罪犯厲聲說，副隊長會為自己是孬種而後悔；等他賣毒品給孩子攢夠了錢，重建毒品王國後，他就會像殺掉那個隊長一樣殺掉副隊長。就在那時，一顆手榴彈滾到他腳下停住。他在手榴彈爆炸時慘叫。副隊長頭也不回地繼續往前走。一名下屬說，你一直都知道，要改邪歸正，只有一條路可走。副隊長說，很不幸地，你說對了。下屬又問，何不放個假休息一下。副隊長說，在阻止他們所有人、建立解放工人的社會之前，我不會休息。但我們阻止不了所有人的，長官。嗯，那我就沒空休息了。一名女兵接起戰地電話。長官，她對副隊長說，總部打電話給您。您……升任隊長了，長官。全隊停下來行禮，但新隊長獨自一人步入叢林。我們跟著隊長吧，女人說，此時交響樂緩緩響起，片尾名單出現。

＊＊＊

各家人開始消失在側屋門後就寢。有人拿毛毯給我，說我能睡在長椅上。毛毯油膩膩又硬梆梆，長椅也太小又凹凸不平，但這是他們能給客人最好的床鋪了。吉普車司機和他弟弟已經睡得不省人事，在木椅上打起鼾來，他們直直坐著，把帽子拉下蓋住雙眼。我幾乎不知自己身在何方、如何來到這裡。「謝謝你們的款待。」我說，試著為這家人的善意表示感謝。「你們不用給我最好的地方睡。」

「不客氣，」男人說，對我的拘禮報以親切的微笑，「你也沒有其他地方可去了。」

16

前往可可西里之路

我在灰骨色的客廳醒來，空氣中有煤煙的味道，硬梆梆的舊毛毯像條鹽漬舌頭般鋪在身上，我裹上藏袍走出屋外。山丘像肌肉與肌腱般從大地隆起又下伏。伸展的大地是一隻結冰滑溜的大鯨，像被鋼絲絨刷過般閃閃發亮，在無止盡的藍白色中退向遠處的地平線。曲麻河鄉是五、六棟歪斜簇擁的空心磚小屋。它不算鎮，連村都算不上，勉強僅能算是個聚落，是這片野性景觀的表面文明印象，一個在野生動物身上的烙印，不久就會被皮毛掩蓋，失去蹤影。

這裡沒有衛星碟形天線，沒有天線塔，連一根穿越野地的電線都沒有，彷彿我終於超越了它們，埋頭奮力走過破碎不全的土路後，在風雪中來到了這個以汽車電池和犛牛屎驅動的聚落。從這裡再遠一點、高一點，就是可可西里了，到了那個目的地後，就可以折返下山了。

兩個男人將膠合板撞球桌搬到街上，拿著自製球桿打起撞球來。陽光投下長長的影子，他們笑笑鬧鬧，吹氣暖和雙手。一棟建築物的窗子開了，屋裡的架子擺有硬糖和袋裝麵，似乎已經在塑膠袋中石化成塵土。斜陽的光線刺目強烈，我感覺自己像被飛刀釘在地上，陽光亮得讓眼睛發痛。

司機的弟弟走出屋外，開始檢查吉普車的輪胎螺帽。眼前僅有的另一輛車是被抬到石塊上的老軍用卡車。我返回那戶人家的屋子，回到酥油茶與焚燒犛牛屎的氣味中，找地方坐下。屋裡的人伸懶腰打呵欠，揉眼睛，緩緩走到爐邊拿茶。

耳邊隱約響起奇異的銼磨聲。前一晚的那個三歲小男孩站在我身邊，手裡拿著一個塑膠娃娃。那是男娃娃，有粉紅色的皮膚、嘟起的小嘴和一抹黃髮。娃娃就像這裡的一切，油膩又破舊，天知道是從哪裡來、怎麼取得的，不過說得公道一點，他們對我應該也是做如是想。娃娃的嘴巴已經被挖成一個歪七扭八的黑洞。男孩一拉娃娃頭後方的線，它就開始唱：「聖誕節我只想要兩顆門牙……」線走到最後，出聲的自動機制就慢下來，變成鬼吼鬼叫。男孩很入迷，反覆拉線聽了一次又一次。他把線拉了又放，娃娃原本無腦微笑的臉扭曲成不高興的表情。

在這片遠離任何工業中心或電網的高山原始景觀中，遇見戰後美國的遺跡，感覺很超現實。那首歌是美國似乎想將自我形象投射為嬰兒的一粒文化微塵，用幼兒的聲音說話，有著幼兒的天真志向，彷彿是想藉此抹除它拋出燃燒彈與原子彈，轟炸廣島與長崎、東京，把環礁化為烏有……的歷史。聽起來像社會奮力要說服自己相信它無辜無害，犯的錯無傷大雅，動機也無可非議。當時的人相信，你可以也應該拋出炸彈砲轟這世界，但你是本著一片善心這麼做，所以那種暴力永遠不會自食惡果。但就像

第十六章
前往可可西里之路

麥克．赫爾（Michael Her）在越戰後返美時所寫的：「那裡發生的事，沒有一件不是早已存在這裡，它們盤據著、等待著要重返這世界。」

也許千年以後，這個娃娃仍會待在這個空氣乾淨的高山上，這裡的事物不會隨著歲月腐朽，只會變得灰舊破敗。早在帝國從歷史的細流中出現又消亡後，不老的尼龍娃娃仍會沙啞地渴求牙齒，可以切斷並咀嚼的門牙。

司機仍坐在他睡著的椅子上，但帽子已向後戴，不再遮著雙眼。他抓住我的手，像要找我約會般抬頭看著我，但表情一如既往地冷靜肅穆。然後他笑了，大拇指撫摸著我腕上的假勞力士錶，假鍍金已經變暗氧化。

「你從哪裡買到這個的？」

「香港。」

「一定很貴吧。」

「不會，」我聳聳肩說，格雷厄姆可能只花了兩美元。

「坐。」他放開我的手說，「你今天要做什麼？」

「沒什麼，我只想繼續前進到可可西里。」

屋裡留著八字鬍、穿襯褲的一名男子打著呵欠走出來說，「你是我們的第一位觀光客！但抱歉我們沒有任何，呃，娛樂可以給你。」他邀我們吃糌粑和昨晚剩下的肉。司機的弟弟進屋，在金屬盆中洗手。女人們在廚房區一邊哼歌談天，一邊揉麵擀麵條或饃饃，背上揹著娃娃，小男孩拿著玩具車在我們腳邊玩耍。
「你要怎麼去可可西里？」司機問我。
「我不知道……看看路上的情況，試著搭便車吧，我想。」
他看看弟弟，又轉回來看我。
「我們可以帶你去，」他說，「我們可以載你到不凍泉，到可可西里邊緣的拉薩高速公路，我們的東西已經裝載好了，吉普車隨時能上路。」
「你們要去那麼遠的地方？」
「不，不去那麼遠，但我們家在半路上。如果你想要的話，我們可以載你去，不過你必須付錢。」
「多少錢？」
「八百元。」
「太貴了。昨天那段路只要五十元，距離是一樣的。」
「來這裡很容易，路況沒有那麼糟，而且反正我們本來就要過來。但要到不凍泉，你就得雇我們載你過去了。那要花一整天的工夫。」
「真的？為什麼要那麼久？」
「從地圖上來看不遠，但那條路根本不算路，比較接近小徑，說路只是意思意思罷了。其實那路面斷斷續續，年久失修，到處是破洞。我們開車不會比走路快多少。

如果你沒興趣，那沒問題。由你決定。」

「我不知道，那要花不少錢。不能稍微打一點折，或找別人共乘嗎？」八百元人民幣等於一百多美元，在這幾乎沒有付現經濟的地方，簡直是驚人的天價。

「燃料並不便宜。如果你找得到別人共乘，那當然可以分攤。但我們不會坐在這兒等。八百元的話，我們可以馬上動身，而且你可以坐前座。我們今晚就到得了可可西里。」

「我坐前座？」

「對，因為你付錢。」

這大概是司機所能提出的唯一協商了。我瞄了瞄他弟弟，他稀疏的鬍子下垂成一副毛臉怪相。我尋思著今天或下週是否會有另一輛車經過，然後聳聳肩，喝完我的茶。我謝過這家人，試著以錢略表心意，感謝他們的款待，但他們都笑著搖頭，好像我說的是瘋話，彷彿他們家地板下藏著金條，所以世上他們最不需要的就是金錢。我把男孩的玩具車再度推到地板另一頭，然後拿起背包說，「好，咱們走吧。」

***

我爬進前座，司機對我豎起大拇指，罕見地表現出一種同胞情誼。不得已退到後座的弟弟不為所動地笑了笑。我們駛上街，經過撞球桌時，男人們停下向我們招手，笑容像沙漠中的骷髏馬頭，但我們離開小鎮前，他又出了路。

「我們要上哪去？」我問道。

「幫一個朋友拿東西罷了。」

我們停在一棟建築物前，門上畫著紅十字。一名著藏袍與白色護士帽的女子出來迎接我們。司機進屋，拿出一個大保麗龍箱返回車上。

「你不介意把這東西放你腳邊吧？」他問我，「那是最安全的地方——裡面裝的是藥。」

我能怎麼說呢？總不能不准他把給人家的藥放在我腳邊吧。他把箱子遞給我，我試著挪一下位置，讓雙腿仍有地方伸，但根本是天方夜譚。我們一起向護士揮手，她開心地向我道謝，然後我們便駛出小鎮。

司機沒有撒謊，路況確實很差，到處坑坑洞洞，破敗不堪，我大可以下車走在吉普車旁，等它來回避開最糟的坑洞和凹痕。那就像騎著一輛慢動作的機械牛，彎來繞去，顛顛簸簸，每小時只能走八公里。我們路過覆滿雪的廣闊盆地，四處散布著犛牛，白雪上緩慢不動的黑色龐然大物。西藏土撥鼠急急奔過路面，衝進洞裡。部分地面現出了草與土，但不久整片大地就被雪覆滿。

後座的弟弟伸手過來，拿一把剪刀戳吉普車的錄音帶卡座，直到它跳出來。他用

第十六章

前往可可西里之路

剪刀的一邊刀刃重捲磁帶，然後遞給我塞回卡座，錄音帶迸出了西藏民歌的沙沙聲來，一路伴隨著我們。

周圍的山脈看似被狗啃過，邊緣含石帶砂，處處崩解。沖積土堆或丘陵溪流兩側的泥土，在白雪中閃爍著陰暗潮溼的光芒。幾個小時後，我們顛簸地下坡到溪岸，越過銀色水流中的黑色石頭，來到兩山夾縫中的一條小叉路。「我們就住這兒，」司機告訴我，「你不介意我們停一會兒吧？我們已經兩個禮拜沒回家了。」

我們開上土坡，停在一棟土屋前的光禿空地裡。兩個女人站在門口，抬手遮著陽光。兩兄弟跳出車子，匆匆跑到門前擁抱她們，然後後退一步，彎身看著女人懷裡的小嬰兒，這便是他們的妻兒了。通常面無表情而沉穩的兩兄弟，此時喜形於色地親吻妻子，與高采烈地和寶寶咿咿啊啊地說話。

他們在鐵鍋前擺了一把紅色絨椅給我坐。牆壁是夯實的土與稻草，地板是紅磚，天花板鋪著金箔。木櫃裡擺著玻璃杯、杯盤與碗鍋，後牆同時釘著各種不同圖像——菩薩與喇嘛海報、唐卡像、毛澤東與達賴喇嘛會面的相片、共產黨官員騎馬越過平原的媚俗畫、從雜誌剪下的摩托車廣告、香港電影小明星的海報、小貓小狗的照片，還有一張引擎的圖解。

司機的妻子穿著深色羊毛袍，腰部以下圍著天藍色圍裙，上衣是洋紅色絲衫，圍著一條金綠相間的刺繡緞面皮帶，頭髮則簡單地紮成包頭，髮夾閃閃發亮。在爐邊活動並倒茶給我時，她拉下了一邊肩膀的藏袍。

屋子中央的爐是烹飪的地方與中央暖爐，司機的妻子正在一旁用坑坑疤疤的砧板把肉切成丁。另一對夫婦已經消失到另一間房裡。司機在我對面的躺椅上攤開手腳，點一根菸，享受地吞吐。「你很趕嗎？」他問我。

「我嗎？」我僅笑了笑。時間是我們留在身後的一片大陸。儘管坐吉普車前座看似是種享受，但還是能伸展四肢放輕鬆的好。

「那好，我們吃點中飯吧。」他懶懶地笑了一下。肉在大鐵鍋裡滋滋地響，刺激了我肚子裡的飢餓感。

弟弟和他妻子回來了，手裡還牽著一個做古早打扮的婦人，也就是祖母。她滾著羊皮邊的紅藍絲帽下打著細小的雙辮，雙眼因為白內障而呈乳白藍色，鬆垮的臉上布滿皺紋。她坐在火邊逗弄小嬰兒，腳上是一雙犛牛皮製的黃鞋，長而尖的鞋尖直指天空。

弟弟的妻子走出屋外，回來時手裡拿著一袋犛牛屎，她把牛屎扔進爐邊的袋子裡，再丟幾塊到火裡。她開始以壓力鍋煮大麥麵。弟弟將錄音機接上車用電池，電池是以架在屋前的那一小片太陽能板充電的。接著他們把這趟去玉樹帶回來的貨品卸下。女人們只懂藏語，但儘管我們語言不通，她們仍親切地和我說話，臉上帶著燦爛的微笑。整個場景就彷若十九世紀的美國西部人家，一家人住在一起，自給自足，百

第十六章

前往可可西里之路

來頭的犛牛散布在山谷間，方圓數里內沒有城鎮，也無鄰居。

屋外的陽光下，融雪正從褐色山丘滑下。山谷像糖蜜般流淌在冰峰間。這裡什麼都沒有，也什麼都有，看你從哪個角度來看。這裡沒有便利設施、沒有力爭上游的社會流動、沒有近便的娛樂，但足以滿足一切需要，沒有任何匱缺。生命以家庭結構與大自然循環為基礎，而非建立在市場需求與全球金融體系上。當地球諸帝國似乎要將彼此趕盡殺絕之際，這裡的人家看起來卻像能傳承多個世紀。

***

午飯後，兄弟倆把幾個箱子放進吉普車後座，親吻妻兒後，我們便上車繼續前進。吉普車的保險桿垂下冰柱。我們出發時，一隻渾身金銅色、銀尾巴蓬鬆的狐狸跑過路面，有如某種預兆。

「你在後座放了什麼？」我問司機。

「只是一些要帶到不凍泉的貨物，」他說，「既然我們要往那個方向走，我們想也許可以帶點東西去賣。」

但我們開上主路前，司機轉了個彎，顛簸地開上一片無路之地，來到另一戶人家前。一個虎背熊腰的西藏人從低矮的土製建物中探頭探腦地走出來，然後開心地向我們打招呼。他和司機交談，然後抬頭對我說了幾句話，便轉回屋裡去了。

「等一下，」司機說，「他會和我們一起去。」

「他什麼？」

「他要到不凍泉去。他是朋友，你不介意吧？」

男人拿著麻袋裝的包裹現身，然後回頭又拿了一個包裹。不久東西便堆成了山，司機和弟弟兩人把東西塞進吉普車，但其實已經塞得太滿，後座的箱子、束口袋、包裹滿滿塞到車頂，沒有給男子入座的空間，但他還是勉強擠了進來。有幾樣東西遞了過來，我把它們疊在占走我腳腿空間的保麗龍箱上。

我們朝北方和西方前進，吉普車一路趔趔趄趄，隆隆作響，擁擠的空間充滿了那名男子要帶去不凍泉賣的生皮惡臭。我們愈往上開，景色就愈開闊。我感覺內心如洋蔥一層層剝開，多餘的願景與思想逐一剝落，內心變得空無一片，只剩下光與空間。丘陵緩和下來，山脈退到遠方，我們駛出盆地，來到一個僅以低伏在地平線上的遠方雪峰來界定的平原。

柿橘色的花叢點綴在褐土與灰石間。我們在路中央碰到一隻身形如迷你灰熊般的土撥鼠屍體，雙眼緊閉，前爪收在胸前。大地似乎重返了秋天，冬天尚未完全籠罩前方的土地。十來隻蹦蹦跳跳的小動物前仆後繼地跑過路面，像鍋裡的油般半滑半跳，彎身交錯，直到最後失去蹤影，化為這片桃色草地上的幾個赭色小點。

第十六章

前往可可西里之路

「那是什麼？」我問道。

「黃羊，就是蒙古瞪羚。這裡以往都是藏羚，但都不見了。你有相機嗎？如果你想拍照，我們隨時可以停下來，告訴我一聲就行。」

想到把心思從這片活生生呼吸著的地景移開，灌入未來的記憶，我不禁失聲大笑。司機這麼說是好意，但我無意將身邊的景象凍結、捕捉下來，禁錮在二次元或虛擬空間中。我試著暫且不去想信號網的事，也不急著回到那裡。在這片荒野中，即使是相機的一次喀嚓聲，似乎也背叛了這一刻的大自然現實。

我們轉向有條條雪脈的丘陵，穿過丘陵間的縫隙，來到箱型帆布帳篷圍繞的一棟水泥建築物前。我們一停進土院，霎時就跑出幾十個孩子來圍著我們，邊喊邊笑，穿著整潔的手織羊毛衣。

司機熄火微笑道：「這是學校。」

我們步出吉普車。孩子們在我們身邊又叫又跳，抓著我們的手表示歡迎，然後穿過道路到一片廣大的開放空間，那裡設了兩個相距幾百公尺的足球球門。有人拿來一顆球，大家你一腳我一腳地邊跑邊踢起來。那是世上最大、最壯觀的足球場，占地好幾公頃，沒有邊線，位在海拔四千八百公尺的高原上，雪峰環繞，狐狸、土撥鼠、瞪羚在陡坡上悠遊。

兩兄弟拿出我們從曲麻河鄉帶來的保麗龍箱，示意我跟著他們到一個帳篷去。

我們鑽進帳篷，一位老婦人正坐在墊高的席子上，手指撫著木製念珠，脖子上戴著綠松石項鍊。兩兄弟走過去親吻了她，司機說：「這是我母親！」她打招呼歡迎我，布滿皺紋的臉上掛著溫暖仁慈的微笑。

「她住這裡嗎？」我問道。

「是的，她來協助建校。」

「但學生是哪裡來的？」

「四面八方。」

他們是牧民的孩童，千里迢迢地從家裡來這裡讀書。我只能聳聳肩，接受我置身的這個體系背後複雜的動態。我半點也不會知道牧民的腦海裡想什麼，用後半輩子也不足以了解他們的天性。我只能路過他們身邊觀察、寫筆記，盡力讓一切滲進我的骨髓與內心。

兩兄弟打開保麗龍箱給母親看，裡面裝滿了給孩子的預防針。我們從土爐加熱的壺中倒茶來喝，然後準備離開。

「天色晚了，」司機說，「我們還有一大段路要走。」山影斜映在高原上。交會的河流反映著天色，水流彎曲聚集成池，一對水鳥從一座鈷藍色的湖飛來棲息。夕陽西下時，我們都穿起層層衣物，山脈一變成藍色，寒意就出現了。

我覺得自己受一場原始大地之夢催眠，陶醉於布滿天空的夜幕，高原在日落中顯

第十六章
前往可可西里之路

得金黃，雪峰散發著藍色光輝，地平線是一片璀璨的金粉色。黑夜在四下張口，除了我們射破黑暗的大燈外，周圍一片漆黑，天上的銀河熒熒閃爍。

前面出現微光，我們穿過一個圓柱架起的梯形下——那是西藏鐵路的高架路床，將滿天星斗一分為二。我們停進不凍泉的卡車休息站，各自步出吉普車伸直身子，站在有點點玻璃與塑膠碎片的石地上。一輛貨車在通往拉薩的高速公路上呼嘯疾駛過我們身邊。吉普車司機砰一聲關上金屬車門。「到了，」他說，「可可西里。」一個女孩拿著煤油燈現身門口，我們跟著她走進以波浪壁板與廢木材拼成的小屋。女孩眼神與四肢隱約的電力，和身上若隱若現的某種幽微的逃脫之夢，令我想起多瑪——但在這個搖搖欲墜的卡車站工作，可能根本無望離開，那種逃脫的渴望已埋葬在重重無奈之下。

她為我們倒茶，經過兩天車程，我們像一袋馬鈴薯般靠躺下來。煤爐上方掛著要晾乾的洗好衣物。電晶體收音機傳出斷斷續續的聲音。這戶人家的所有物都堆在簾幕後的後牆邊。司機和弟弟同休息站的主人談話，他是女孩的爸爸，他們一面喝茶，一面將腳搭上爐邊。我付錢給司機，並脫下香港勞力士錶給他當禮物。

「不用了，下次吧。你先留著。」他隨意地握手說，彷彿我們不久就會再見。三人回到吉普車上，開到附近一個朋友的住處，司機的弟弟向我點點頭，微微咧嘴笑了一下，回到原本屬於他的副駕駛座。

女孩帶我到卡車站後方的吊床邊。我全身上下都是沙子和塵土，一離開爐子就止不住發抖。我的腳掉出床尾，因為太冷，所以我沒脫靴子。

我聽著屋外疾駛過高速公路的卡車輪胎聲，帝國的舌頭在荒野的邊緣拍打。我鬆了一口氣，但也感覺氣餒——我很幸運能來到這裡，但從玉樹越過無路的遙遠距離來到這裡後，我卻回到了帝國的柏油幹道，仍舊逃不出那張網。從這裡到都會只要一天，你只要一路坐車到格爾木，搭飛機到首都，就能再從那裡前往東京、紐約、倫敦……我半夢半醒地躺著，朦朦朧朧地想著自己走過的路，路上所見、所觸摸並留在身後的一切，隱約地夢想著一座海邊城市，在大陸的邊緣閃耀，那是百萬年遷徙的終點，光與引擎之河現身穿越大地，然後隱沒在它們所來之處的波浪裡。

17

可可西里

清晨，我坐在卡車站凹凸不平的椅墊上，靠近鐵爐傳出的一波波熱煤氣，喝著酥油茶，門後的小屋傳來卡拉ＯＫ聲。玻璃箱裡有幾頂滾緞邊的藏帽和錫製轉經筒，但這裡沒人戴那種帽子，也沒人拿轉經筒，這些是給來往拉薩與格爾木的長途卡車司機的紀念品。女孩正在後面揉麵，看著架子上的螢幕哼著歌。我是千里塵埃中的一粒微塵，飄向遠方的地平線。

門哐噹一聲開了，像一扇金屬羽翼拍中牆壁。一個生著鬣狗臉，像鐵爐般方方正正的警察站在門口，手擺在空槍套上，兩腿大張。昏暗室內的微小動作中斷了——我的茶杯停在半空中，女孩揉麵的手也倏地凍住。

「你在做什麼？你昨晚不該在這裡過夜的！我沒有逮捕你算你走運，」警察對我咆哮，手指抽搐著，彷彿他夢想握住了一支想像的槍。「這地方的登記證可沒登記你。難道你不知道收留外國人要受罰嗎？」警察向女孩及她的老父親大喊，兩人瞠目結舌地盯著他。「你不能留在這兒，」他轉回目光對我說，「你必須馬上離開。」

但他沒有將手銬啪一聲扣上或帶我離開，而是向後轉一百八十度循原路出去。波浪板門砰一聲拍在波浪板牆上，鐵鏽稀稀落落地掉落。我們驚愕得動彈不得，忘了喝各自手上的茶。我回頭看著臉頰上沾有大麥粉、將一綹髮絲塞到耳後的女孩。在任何人開口之前，門又砰一聲開了。

這次警察把一隻手擺在肚子上，親切地微笑說：「是這樣的，我們有我們的規定，」他說著高高聳起肩膀，「人人都有職責要守啊。但你大老遠跑來一定很累了。我跟你說——你要在不凍泉待多久都可以，但你怎麼不越過公路過來呢？為什麼不照規矩走呢？我們可以在警察局幫你加一張床。那就不會給這些辛勤的人民添麻煩了。」

這裡一定很缺警官。顯然這位老兄必須一人分飾白臉和黑臉的角色。我付了帳單，和他一起步出門外。「好了，你從哪裡來的？我是說你的國籍。」說著他拿出一本筆記本，記下我的答案。

＊＊＊

西藏鐵路的高架地基如機器人雕像般豎立在泥土圍地上方，那是由人形智慧設計、建造的鐵路，有統一的幾何外觀與向前行進的大方柱，是斜過天際的飛行遷徙路線。西藏的聲音在超越工業結構的遠方響起，凌越了鐵路工程的最高自信。

第十七章
可可西里

不凍泉位在荒野邊緣，是一片全為輪胎店與空蕩雜貨店的長條地帶。我跟在警察身後幾步，越過高速公路到警局。剛鋪好的路發出魚子醬般的光芒。我在三名西藏僧侶面前停住了一會兒，他們圍在雜貨店前，僧袍髒兮兮又油膩膩，家當都裝進了麻袋。他們抬頭瞄了瞄我，臉曬成古銅色，臉頰像龜裂的大地般緊抓著水潤的眼球，手與手腕都繞著木頭與骨頭製的念珠，嘴形勾勒的六字真言，經過數天搭便車到布達拉宮的奔波後，似乎已獨立於任何意志或思維之外，不再是口語表達。

「你們是從哪裡來的？」我問他們。

「在等車，到拉薩。」

「到拉薩做什麼？」

「我們要去拉薩。」

「你們以前來過這裡嗎？」

「我們從蘭州過來，已經坐了三個禮拜的車。」

「你們要去拉薩做什麼？」

「有一位卡車司機會來載我們。我們坐著等他來就好了。」

他們在陽光下瞇著眼轉動脖子，像剛出生的幼鹿試著避開野獸的胃，尋找母親的乳頭，嗅聞空氣中有無危險的徵兆。前方的警察轉身叫我跟上，然後他繼續前進，像對準某條線索般踩著內八字。他對僧侶不屑一顧，視之如路邊的保麗龍屑與塑膠片。

我打了一個和平手勢，他們咧嘴笑，彷彿我是一顆流星，一個某天會讓他們如願的吉兆。

警察坐在擺滿茶杯與紙張的桌子前，示意我坐在塑膠椅上。牆上釘著多張地圖與各種規定。他把冷茶倒進髒兮兮的杯子拿給我。

「好了，說實話吧，你是不是間諜？」警察盯著我的眼睛問道，彷彿以為多下工夫我就會招供。「我保證我們說的話不列入正式紀錄。」

我差點把無茶香而略泛鞋帶味的茶水噴出來。這高緯度令我有點醺醺然，我盯著從窗外流淌進來的一地銀色天光。

「如果我是間諜，我受過的訓練會讓我的否認聽起來更有模有樣，而如果我不是間諜呢，否認只會愈描愈黑，所以我不否認。」

警察皺起眉頭，像狗想甩出耳裡的水般搖搖頭。

「好了，好了，算了。只要告訴我你來這裡做什麼就好了。」

「我只是遊客，一路遊蕩到這裡的荒野來。我想進可可西里。」

他往後靠著椅子，挪了挪皮帶，像終於逮到我玩什麼把戲。

「噢……可可西里啊，你要找荒野，那真是來對了地方。未經開發的風景，野性之美。位在這該死世界的頂端……當然了，你是進不去的。」

「什麼？為什麼？進不去是什麼意思？」

第十七章
可可西里

「告訴你啊，那可是另一個世界，好幾百隻的瞪羚群在平原上跑來跑去，你從來沒見過那種景象，動物像浪潮般湧來，又跑又跳，像條肉河。告訴你啊，你沒見過那種景象就白活了。但我們可不能讓你這種外人待在這兒。」

「你在說什麼？為什麼不行？」

「為了你的安全著想，那裡很危險的。有狼和熊在那裡遊蕩，等著吃人肉充飢。更別說還有盜獵者。他們會把你當瞪羚一樣，活活剝下你的皮。」

「沒關係！那不是你們的問題！我願意冒這個險。」

「那可不行，嘻。你來這兒就是我們的客人。你的安全與福祉是我們的責任。我們也會帶吉普車隊到那裡探勘或捕捉盜獵者，帶上槍以防掠食動物襲擊，保險桿綁著食物和水，還有汽油槽。那裡什麼也沒有，你懂嗎？沒有路，沒有建築物，沒有商店。當然了，只要我願意，就可以帶你去，我可以說：『好，我們出發』，然後就上路。但不是隨便哪個阿貓阿狗都能進入可可西里的，你必須在首都申請許可，要有科學家或其他重要人物陪同才行。」

「我不能雇一輛吉普車去幾天嗎？」

「哈！雇誰的車？這裡只有警察，沒別人了。你必須向我們租吉普車，但我們不會租給你。你必須向我們索取許可，但我們也不會給你。」

小官僚如黴菌般的腐敗籠罩著我，令人作嘔生厭。那名警察的管轄權是遠方灌輸的，如果是在低地的小鎮，他根本無此權力；他是不凍泉的地頭蛇。他拿出一臺電子裝置，不耐煩地猛按。「別動，我得拍一張你的安檢照片給政府當局……該死，沒有訊號。等我一下……」

整趟旅程愈走愈高，最後來到這片光與空間的平面。我回想起大理的那群潮客，他們只想退到一邊，讓國家機器從身邊隆隆駛過，自己不參與其中，但到頭來仍受困於嚼碎、糾纏他們的體系中。這裡的網絡像無人操縱的軍隊般前進，但還未擊垮活生生仍在呼吸的地景。那個警察猛按螢幕並喃喃自語。我原本渴望的是僅有岩石與空間的虛空，讓遠方突顯距離，裸現出光的梗概。現在我只剩臨門一腳了。

「好吧，我走。」我說。

「什麼？」那名警察猛地抬頭。

「我要循路到索南達傑去。」

「等等，你不能走！你在說什麼？你要怎麼去那裡？跟你說吧，我明天就要去索南達傑。今晚你待在這兒，明早我載你一程。」

「不，我現在就走。」

「太危險了！那些西藏移民，你不能相信他們！」

輪到我輕蔑地笑道：「什麼西藏移民？你是指那些僧侶嗎？路上難道不全是低地人、載部隊的軍用卡車、送貨的卡車嗎？」

我起身將背包一把甩到肩上，喝乾最後一口泛鞋帶味的茶時，才猛然想起它的味道。那名警察張著嘴坐在椅子上，現在他只是徒具人形的強權、當權者的泡影。門在我身後砰一聲關上，踩在砂礫上的靴子嘎吱作響。等著搭便車的喇嘛在陽光下閉上眼睛，嘴裡喃喃念著真言或禱文，活像要把光嚼個粉碎的盲蟲。我將幾塊錢塞進僧侶袍子的皺摺裡，他抬頭迷惑地看著我，彷彿我剛用史瓦希利語朗誦了一首詩。門口裡，老闆娘站在凳子上，一手插著口袋，一手拿著茶，身子一半在明處，一半在暗處，儘管蒼蠅落在臉頰上爬到嘴角，她仍動也不動。

***

我從警察局出來後右轉，走下高速公路。文明的金屬箔裝飾幾乎立刻就消失無蹤——才走百來步，我就已經遠離了卡車站、院子裡閃爍的破玻璃、陶醉地想像自己手中有把熱槍的警察。鐵路向遠方延伸，與道路平行，但它看起來再也不像工業社會的毛細管，而是從地平線隆起的那片錦繡山巒與空間上的皺紋。

索南達傑是一座藏羚保育中心，位在不凍泉西南方，開車要一個小時到。每十分鐘左右就會有一輛卡車經過。我直接走在高速公路中央的線上，靴跟踏著柏油，予人一股怡人的活力，只要左右環顧，我就能三百六十度地將壯觀風景盡收眼底，有車輛經過時，隨時都能轉身。

最後，我伸出拇指，一輛拖板車停了下來。車裡是一個正要前往拉薩的低地家庭，車後拖著數量驚人的家具和許多麻袋，像《憤怒的葡萄》中前往加州的約德一家。他們調整座位，把東西挪一挪，讓我能坐進車裡。引擎發動，嗚嗚地前進。

「你在拉薩這兒有工作？」我問開車的父親，車裡瀰漫著濃濃的大蒜與鹹豬肉味。母親坐在他身後的小後座，三個孩子裹在棉被裡。車裡沒有暖氣，車子轆轆前進時，風便呼呼地吹進來，車身像一具打擊樂器般震動。

「是啊，有工作。」

「什麼工作？」

「還不知道，在政府做事。等到那兒我就知道了。」

「你以前是做什麼的？」

「你是說在家鄉的時候嗎？我們以前種哈密瓜……我們住在羅布泊那兒，但他們擴大了核試驗區，要我們搬走。所以我們搬到格爾木。我在那兒什麼都做過一點，你知道的。修了很多路，可以說挖溝渠的時候多。嗯，沒什麼升遷的機會。所以一聽到拉薩有工作，我就去申請了。」

索南達傑自然保護站不過是一座電波塔和幾間水泥營房。我們停車時，母親和孩子們搖搖晃晃地看著我。男人咬了咬唇，瞄向窗外，我開門下車伸腿時，他說道：

「你確定要在這兒下車？」

「喔對，就是這兒，這是所有地方的中心啊。謝謝你，祝你好運。希望你發大財。」我說。最後一句是漢語常見的道別語。我甩上車門，卡車噗噗震動，繼續循路開往拉薩。

***

管轄索南達傑自然保護站的警察精瘦而敏銳，是藏族人，有一雙知性的眼睛與高聳突出的顴骨。他站在矮房前，雙手交叉在胸前，彷彿在等著我來臨。卡車的引擎聲遠去，沉默重新聚攏四周。那名警察靜靜地站著，如自然形成的土石輪廓。他身後聳立著一座鋼架，頂端的瞭望塔立著一座雷達天線。矮房與行政大樓——鞋盒般的水泥長方形——左邊的鐵絲網圍籬左彎右拐地延伸到遠方，山峰遠到看似沙灘上的波紋。

在圍籬的邊界之外，我看見移動的小點，那是可可西里的動物：野生犛牛、西藏野驢、蒙古瞪羚，黃色與褐色斑點在赭色與暗褐色的大地上移動。幾隻鷹在我們上方盤旋。天空是緩慢的萬里天穹，沒有挨挨擠擠的建築物，連山也沒有。我說的緩慢是指時間永遠都以天來衡量——太陽、月亮、星辰、飛機雲或方尖碑——這裡的天空是如此壯闊無邊，似乎單是一天，單是地球的一次轉動，就要天長地久。在這片天空下，感覺挑水伐木就足以度過一生。

那名警察向我點點頭，示意我跟著他進辦公室。「羔羊皮，」我一踏進辦公室，他就摸了摸我藏袍露出的白色蓬鬆絨毛說。他自己穿的是政府發的制式大衣，有銀扣與人字臂章，還有厚重的羊毛領。「你從哪裡拿到的？」

「玉樹，距離這裡一萬六千公里左右。我才剛從那裡上來。」

「我知道，結古。可能沒那麼遠，但……差不多吧。我們家是從那兒來的。你一定是從西寧那裡到格爾木再上來的。」

「不，我從後面上來的，經過曲麻河鄉。」

「啊，我懂了，你走平面道路，但這段路風光更美。你是為國外非政府組織工作嗎？哪個環保機構？」

「這個嘛，我和他們一樣，都不是政府人士，但也不是來自任何組織……我的意思是，我沒有這類隸屬機構。我比較算是獨立個體，自由受雇，可以這樣說。」

「我猜你來是為了藏羚。」

「為了什麼？」

「藏羚，西藏羚羊。」

「說是也不算是，我是來看這裡的一切。」

我是為了整體中的這個壯觀的片段來的，沒錯，是為了鞏固著它、並朝四面八方

第十七章
可可西里

伸展的這片萬有地帶而來的。

我說明自己渴望進可可西里時，警察倒了一碗茶給我。不過，儘管他很客氣，也很好客，卻不能越線行事。

「我沒有權力准許你進入保護區，即使我有，你也進不了那兒。你可不能背包一揹就走進去，必須加入遠征隊才行。反正現在不是遷徙的季節，藏羚會在遷徙季節越過高原，那是初夏的時候。現在是秋天，羚羊大多離得很遠，在可可西里的深處。這段時間你可能看不到什麼，只能看到我們照顧的那些動物：我們拯救的受傷動物，或我們收留的無母幼獸——因為牠們的母親被盜獵者殺死了。但我們歡迎你待在這兒。矮房裡有很多床，你可以自由出入，用雙腳能走多遠就去多遠。不過，可不要做挾持吉普車這類蠢事。」

警長的助理是一個肥壯、看似新手的非警察，有低地口音，他帶我到一間矮房的床邊。我一放下背包，走出屋外，就看見一輛四輪卡車風塵僕僕地開過來，不凍泉的那名警察大模大樣地下車，砰一聲甩上門。告訴我不准來這裡後，他沒別的事可做，於是又開車下山，看我能怎麼辦。

「那群西藏流浪漢沒有趕你下山嗎？嗯？」他假裝吃驚地說。

那位索南達傑警察走出辦公室，兩人正式地行禮。

「進來吃飯吧，晚餐好了。」他告訴我。

「什麼？已經好了？」我的錶停了，但太陽還有一個鐘頭才會落入地平線，此時大地仍遍灑著如剛鋸好的木板般的大片陽光。

「我們這裡吃得早。太陽一下山，你就不會想待在這兒，只想裹著毯子躺在床上了。你要一起來嗎？」他轉向不凍泉的那名警察說。

「不，我不必了。如果你們已經掌握了這個外國人的行蹤，那我就回自個兒的崗位去了。」

＊＊＊

清晨，一個微笑但不語的廚房幫手拿茶和糌粑給我。警長與助理警察們已經去轄區巡邏。我綁緊靴子出門，朝西走向開闊的高原，遠離高速公路與鐵路。在保護區偏遠角落的外面，兩隻野驢正在吃草，是母驢和牠的一歲小驢，驢身是帶白條紋的焦糖褐色，腹部緊緻雪白。有幾隻保護區的羚羊也聚在那個角落——鐵絲區隔開庇護所與開闊的草地，草地上什麼動物都有，庇護所則防範著掠食動物並供食。

我一靠近，母驢就停下吃草，用側面看著我，然後跑步離開，和我保持一百八十公尺左右的距離。小驢蹦蹦跳跳地跟著母驢，用鼻子玩耍般地摩擦著母親。羚羊退回籬笆內，在連綿的大地上輕快地跳躍，跑起來長角直指著天空。前方右邊離保護區較遠的地方，一對黃羊正朝西北方急奔，白色尾巴在黃色盆地中十分顯眼。

走路走路走路，乾燥的土壤發出窸窣聲。我朝地平線上最高的那座雪峰邁進，不是為了攀頂，而是把它當成空間中的一點，在廣袤無垠的地景上做出區分。那是可可西里山，一座從群山中脫穎而出的白色錐形，鶴立雞群地立在金色與黃褐色大地上。它莊嚴肅穆，做為《消失的地平線》中那座俯瞰香格里拉的高山範本綽綽有餘。我朝它走去，但似乎無法拉近半點距離。這裡的土地是抬高近五千公尺的海床，某些地方粗糙多岩，其他地方則如海沙般細緻，金色的塊體上布滿著各種稜角與凸起。這座世界屋脊的陽光讓我的腦袋滋滋作響，直到除了光子什麼也不剩。

我像喝醉了般東倒西歪，肺部裝滿著非空氣，蹣跚地渴望墜落或飛翔，我終於來到了舞池，內心因為眼前的旅途而炸裂。每一步的腳下都交錯著百萬條小徑，向百萬個方向延伸，每一步都是從數不盡的死亡邁向數不盡的可能性，而後再折回。草聚集成硬叢，扁平多刺的植物生成紅海藻色的團塊。岩石表面布滿了一簇簇苔蘚，像珊瑚的凹槽。土撥鼠在沙地裡挖洞，某些地方我甚至無從下腳，因為一下腳牠們的洞就會陷落。在海拔五千一百公尺的高處，只要略一傾斜，我的肺部就起伏發熱。

我沿著獸徑前進，以為是狼的路徑，但說是狐狸的也不為過。然後我坐在一塊丘脊上，吃餅乾配水當午餐。這座高原比連接美國各州的最高山峰還高，我一坐下不動，寒意就竄了上來，刺骨的風像刀刃般探過來。白天的溫度剛好在冰點以上，但一停下動作，暖意便全數消失，雖然是坐在普照的陽光下，我卻渾身發抖。

我繼續沿著金黃色的地平線走進盆地，山脈皺摺呈藍綠色與鐵鏽色，頭上是一片銀色與藍色的天空。連綿的沼澤地造成盆地下陷，每一步、每一呼吸，都是在無限之間來回，在腳邊的金色地景與頭上的藍天之間穿梭，那是藍色的屍布、銀色的輓歌，青鳥的羽翼在黃褐色大地的上空捲起氣流。

點點的有情生物在地面上移動，黃羊如在粒子碰撞中躍出的微中子般輕躍，瞬間便繞出了你的視線，野驢若有所思地在走我的路線之外，轉向側面盯著我，野犛牛的黑色塊頭即使從遠處看來也十分龐大。我緩緩前進時，四周升起一股陽光曬著乾河床的氣味，整片地景是一片金光閃閃的綠意，沒有思維介入的餘地。

夏天的贅肉鬆垮垮地垂下。它朝天伸蹄踢月，留下了凹痕。

我循著大弧形來到一座小型天然蓄水池。一片寬如水面的龜裂泥土區因蒸發而裸露，中央停著兩隻黑白鳥。我不知為何水面沒有結成冰塊——也許高緯度的太陽強到白天能融化表面的冰，或也許底下有泉水流動。鳥緩緩飛入空中，繞著愈來愈大的圈，像有千斤重的燕鷗，後來又在棲息點的上方縮小為螺旋，最後飛回水面。整段動作沒有一點聲音。無言的芭蕾。水面仍舊清澈如鏡，不生漣漪，反映著雪峰與天色。

警察與廚房幫手圍在羚羊保護區的角落餵小羚羊。警長叉著手直挺挺地站著，但看著新手警察餵食的臉上掛著傻笑。廚房幫手邊笑邊搖頭，彷彿這副每天看見的景象仍讓他驚奇不已。連助手警察也呵呵地笑，柔聲哄餵著羚羊。

正是這種生命的奇蹟、活生生搏動著的存在之美，抗拒著現代生活的死氣沉沉與匆忙對我們的慣性孤立，社會結構與束縛是如此難以甩脫，因此大多數時候，我們僅能勉力保住地位，滿足社會、經濟、家庭與文化義務，但那些理當促進並改善生活的義務，卻可能令我們對生活麻木。

那十幾隻羚羊孤兒不過三個月大。牠們跳來跳去，用剛生出的小角彼此牴撞，歡騰嬉戲，直到助手警察把奶瓶拿給牠們吸，牠們才推推擠擠到圍欄邊喝奶，心急地跺著蹄子，像牛一樣蹲下來等。警長告訴我，牠們會一直待在這個占地百畝的保護區，直到來年春天才會放回遷移的動物群中。那也是二、三十隻狼成群來獵食羚羊的季節。小羚羊輕輕吸咬著我的手指。我摸摸牠們頸間的粗糙短毛和皮毛，還有粗短的羊角。在這個將羚羊孤兒帶離荒野的保護區邊緣，我可以用在開闊盆地做不到的方式觸摸牠們，在盆地上，野生動物始終與人類保持距離——彷彿我被隔絕在原本完整連貫的荒野之外，只能在它受傷時才觸摸得到它，緊挨著高速公路、長途卡車、鐵路的水泥與鋼軌。

廚房幫手回去開火煮飯。新手警察清理奶瓶，把它們放回棚子。警長與我在圍籬邊多站了五分鐘，看著散布在園區裡小跑又跳開的羚羊。來自北方的風捲起盆地的塵土，飛揚在四周，一朵低空飛過的扁雲遮住太陽，整個盆地都籠罩在如紗般的紅光中。我們一語不發地轉身穿過寒風，回到廚房的鐵爐邊，留下羚羊孤兒與荒野在外頭過夜。

＊＊＊

我在索南達傑自然保護站待了三天，遊蕩於荒野邊緣，置身於野生動物群中，看著他們在向晚的斜陽中餵食小羚羊。冷風從西方帶來了硫磺與煙灰的味道，警長告訴我山腳有溫泉。這片大地適逢天寒地凍的時節，但也受地動牽引，在山脈與盆地的石板間打開了新的斷層與裂縫。在這全世界最高、最大的高原上，大地仍在向上推擠、展開、創造並顯露出自身的新貌。冰河流淌在山脈裂縫間，彷彿從時間伊始便在這裡，會延續到天長地久。但這僅是表象，冰河與永久凍土層仍持續變化，隨著氣候更迭打斷季節模式、氣溫升高而融解。

幾百隻有著優雅的彎曲長角與銀白色皮毛的羚羊群，夏季會從阿爾金山西邊幾百公里處，遷移到可可西里的湖泊盆地來生產。此刻牠們遠在人類的視線之外，至少是在我的目光所不及之處。

人類的尺度在遠方地平線的雄偉壯闊下顯得渺小，人類設計的幹道此時尚未闖入可可西里的荒野，它們沿著保護區的邊緣建造，帶著效率與速度的衝力，在這綿延數千里、數億年來向上隆起的冰石中，形成雪泥鴻爪，它們終將消亡，也許只要一天，就會回歸海洋。

＊＊＊

在可可西里的最後一天下午，我從盆地健行回來，一群遊客出現在保育中心。他們從首都開著兩輛四輪驅動車，行經數千里路到拉薩。他們和善而聒噪，穿著蓬鬆的橘黃色厚夾克，和我一樣在向四面八方綿延、遼闊壯觀的地景中目瞪口呆，驚奇得不能自己。但他們也帶著像拴在手上的電子裝置，不僅透過雙眼去看，也透過螢幕去看可可西里。我早已把那種拍照、上傳、喜愛、按讚的事忘得一乾二淨——那種他方的虛擬世界已經被我拋諸腦後，我滿心是實際的光子與分子現實，生命奮力在極熱極寒下生存，過程中綻放著生命之美。他們邀我自拍，我感覺自己像不得已走上十字架的大腳怪，像平原上的動物那般野性而瘦長。我一句話也說不出來。

我在近五千兩百公尺的高度東倒西歪地過了三天，因而精疲力竭。我重重倒在床上，盯著天花板瞧。我感覺暴躁而不耐煩，彷彿路途中的所有摩擦全圍剿到這裡來，在這趟旅途的制高制遠點。吃完晚飯後，新手警察拿出收音機，把聲音轉到最大，但還是收不到任何訊號，只有雜音——三個電臺同時出現的沙沙信號，加上很重的靜

第十七章 可可西里

電、匪夷所思的嗶嗶聲與哨子聲。我曬了太多太陽，呼吸到太少空氣。我啞然失聲，就像不凍泉雜貨店外的那幾位僧侶。我消了氣，無言承受著沉默、寧靜、幾百萬畝大地的非聲音。為了逃離收音機的雜訊，儘管外頭冷到冰點以下，我還是晃到屋外，站在橫亙夜空的銀河下。星星是如此明亮可觸，我甚至感覺不到它們遠在天邊。老陳如果知道我得失語才能接近自己理想中的恬靜，一定會笑掉大牙。可可西里是自然現實的窗口，而我對此已無言以對。

如果我曾回頭，那這片天空與大地就不會出現在我眼前，至少不是我這幾天遇見的樣子。在大自然中，處處有生命，但這事實在這海角天邊顯得格外具體，屹立不搖。儘管赫拉克利特（Heraclitus）的那句名言說，我們認識的世界始終在消逝，但我仍想捉住並掌握消逝中的世界。我不是反對注入新水，只是希望在時光從指尖流逝前，多握住一會兒。

也許這趟旅程已延續得太久。也許我的復原力已消耗殆盡，再也配合不了路途條件，接受不了不可避免的心碎與失落、不斷在下個轉角出現的新鮮事。我自暴自棄，早上就得離開可可西里的事實令我受傷，我得離開自己貼近的大地，離開它的雙唇、臀部與皮膚了，我跋涉了一千六百公里來到這片有廣大遷徙族群的荒野，但我碰觸到的只是它毀損的皮毛，無法進入它跳動的內心，且這輩子我可能永遠不會再回來。

摟著這隻瀕死巨獸的脖子吧。清晨醒來時，一切都會消失，但它還會再生。

18

格爾木，走下天路

幾名盜獵者卑躬屈膝、垂頭喪氣地站在曙光裡，旁邊是一輛破舊的牽引機，背後勾著一輛兩輪拖車。據警長的說法，拖車裡有一百五十隻土撥鼠的屍體，他逮捕了這群人。土撥鼠皮在格爾木每張能賣到五、六十元。盜獵者形容憔悴，牙齒泛黑，像患了壞血病。他們拖著步子來回走，表明自己發自內心後悔，苦苦哀求放過他們，宣稱他們沒錢付罰金。他們本來務農，做過一陣子鐵路工人，現在要回低地了。警察嚴厲而冷峻，但警告一陣後就放了他們，似乎承認他們是拼了命要糊口才出此下策。如果外表能提供任何線索，他們身無分文這點是事實。他們卸下土撥鼠的屍體，甩兩下後推走車子，不知是因為悔恨還是懊悔失風而愁容滿面。

我從矮房後方走出來，最後一次眺望可可西里——天空很低，灰藍色，平坦的地面沒入陰影，遠山在落雪中變得朦朧。我了無遺憾，最後只剩下將背包甩上肩，下山到格爾木了。

「你什麼時候回來？」警長問道。

「明年看看吧，也許我會想辦法加入遠征隊，到更深處看看。」

「如果我能去美國，就永遠不會回來了。」警長揉著下巴說，彷彿夢想著世上最大的熱狗。

「我們得去巡邏了。」

「可能還有更多盜獵者要抓！」

「只要站在路邊等，就能搭到卡車，天黑前就會下山到格爾木了。」經過六週的旅行，抵達這片只有光與空間的地方後，下山竟只要一天工夫。

我隱約期待著不凍泉警察能來大肆咆哮，連珠砲似地大吼我能做什麼、不能做什麼，能去哪裡、不能去哪裡，但索南達傑自然保護站的警察開車走了，我被留在天地相遇的空間邊緣，路上一片寂靜，來往方向都沒有車子的蹤影，只有廚房那名男孩趁上級不在休息吸一口菸。他揮揮手後便閃進廚房，於是我再度被孤零零地留在公路上。

我邁開步伐，腳下的靴子十分沉重，幾片雪花從變暗的天空飛旋而下。幾束陽光像麻醉後的腦波灑在琥珀色的盆地上。路邊每隔一段距離便立有一根三公尺高的桿子，是除雪的指標。北方的崑崙山在前方地平線上濺起一片藍白色，那是青藏高原的北緣。到崑崙山的另一側，地面會陡落一千八百公尺。

下坡一小時後，在一片空無中，有人以黃漆在路中央寫下英文「I love you」。

儘管竄入袖子與領口的寒風刺骨，但藏袍裡的我開始流汗。離道路三十公尺的地

第十八章
格爾木，走下天路

方，有一隻藏驢在吃草，皮毛的黃褐色愈往下愈淡，到腹部化成一片白色。牠看起來像盆地、山脈與天空的一部分，彷彿牠會待在那裡一千年，與這片地景難捨難分，儘管它曾是海底，卻似乎永恆不變。

我伸出拇指，吸引第一輛路過的卡車注意，那是一輛四門皮卡車。司機是一個齒縫寬的中國穆斯林，有一張驢般的長臉。他張大嘴對我笑，頭歪向一側，對著一切或不對著一切無緣無故地發笑。

「你要去哪裡？哈。」

「格爾木。」

「耶，哈，進來吧！我們也要去格爾木，耶！」

他戴著針織無沿便帽——曾是白色，但因為油漬與塵土、因為路途奔波而變成暗褐色。後座有人，可能是司機的叔叔、姪子、指路者、助手或心理上的副駕駛，蜷曲躺著，一邊膝蓋抵著喉嚨，另一邊膝蓋幾乎彎到身後，像雞翅般外張，手掌撐著車頂。無論他是誰都無關緊要。司機代表兩人說話綽綽有餘，他問我從哪裡來、在這裡做什麼、我賺多少錢等等。

我靠著窗玻璃，望著窗外的景色捲過，讓司機的自言自語飄過耳際，從西藏下山讓我悶悶不樂。我來到了旅途的盡頭，錯過的已經錯過了，我有點想跳出車外，再搭便車回到另一條路。十分鐘後，司機用急切的口吻叫我快看、快看——我傾身歪著脖子，從擋風玻璃直直往上看，數百隻候鳥正在上空飛翔，每群幾十隻的鳥呈V字形起伏。看到這類源遠流長、彼此牽繫的飛行路線，我突然覺得自己與車裡的兩人和前方道路休戚與共。在充滿了這類壯觀景象的天空下，前方有高山聳立，四周皆是高原，無論去留，這世界似乎都是一個包羅萬象，令人嘆為觀止的地方。

「老兄，看到這景象真令人開心。」我說。

司機搖搖頭笑了笑。也許讓他持續發笑的正是這類景象，不過現在他陷入沉默，彷彿他的話已經叛逃到上方的候鳥路徑去了。但鳥群已失去蹤影，超越了我們，被我們留在身後，我們將目光轉回大地和前方的路。

「那很美吧？啊哈，野鵝，要到南方去。」

「你常看見牠們嗎？」

「噢，哈，只有在一年中碰對時機，有那個運氣才看得見。你很幸運，我們也很幸運哪！嘻！蹬羚遷徙時，有時會越過路面，我們就必須停下來等牠們經過。但我們不介意，牠們是先來的！」

我們路過從路邊緩緩下山的盜獵者，他們頭上裹著破爛的披巾，蹲在牽引機的護板上或蜷縮在車上，他們的司機則堅忍地坐在座位上。我拉下窗戶向他們打招呼，但他們像洩了氣的皮球般看著我。我們離崑崙山更近了，冰與石一節節向天空堆疊，灰色融雪中閃爍著明亮的鋁色。我們爬上山腰時，早上在遠方像一幅抽象畫的風雨變得

第十八章
格爾木，走下天路

明顯起來，我們置身於強風與亂雪中，銀、白、灰、藍黑色相互交錯。

金色與琥珀色的高原消失了。在暴風雪的肆虐中，視線一片模糊，眼前只有石壁和截斷的路舌。土石淹沒了四百公尺寬的路面，有人從這瓦礫中挖出一條土路。司機心無旁騖地開車，已經不再發笑，必須在半盲中前進的壓力沉重地壓著他的眉頭。風拍打著皮卡車，後座的男子傾身向前，專心盯著擋風玻璃外的那片迷茫。

「我開車走這條路不下千遍了。」司機喃喃自語，彷彿是要向自己打包票，我們不會從無欄杆的路緣跌落深谷。

我們開始下山，但我沒留意到是否經過了山頂的關隘。我們在風雨中摸索時，一名男子出現在路中央，揮手要我們停車。

司機停車，搖下車窗。我納悶男子在我們現身前等了多久。他靠過來和司機說話，但在呼號的風中，操的又是邊界方言，他們說什麼我一個字也聽不懂。司機笑著搖了搖頭。男子的嘴與眼睛周圍都結了霜，他退後半步，讓司機下車，兩人站在路中央交談，看起來像掛在風雪中的一片牛肉的兩面。

「他要我們載水泥下山到格爾木，」另一個乘客說，因為是我第一次聽他開口，他的聲音聽起來有種不尋常的威嚴感。

「我們要載嗎？」

「他們還在講價，價格很低，但這是政府計畫。我們可能沒得選擇。」

司機咯咯笑著上車，左右搖了搖像驢一般沉重的頭。「我們被逮到了，」他說，彷彿他被騙了，早知如此何必當初，不過我不知道除了把風雪中的那個人撞倒，他還能怎麼辦。惹人厭的貨運代理人爬進後座後，我們轉頭上坡返回關隘，然後轉入一條土路。我們循著之字路踉踉蹌蹌地繞著山腰，最後來到一處鐵路工程營地，兩旁是箱子般的帆布工寮。他們建造了一條穿過山脈的鐵路隧道，現在工人們要拆下工地機械了。如車子大小的發電機噴著黑色廢氣，旁邊堆著一團團電線。各種口徑、形狀、長度的管子散放各處，隧道上方飄揚著一面宣布這是崑崙關的旗幟。工人們跑去蒐集工具與設備，他們穿的外套與加厚長褲已失去了原本的顏色，化為土壤的黃褐色與用來供工寮暖氣的煤炭黑色。

風雨漸弱，但雲的碎片懸在上空，像舞台的布幕。一群工人拉下一面鷹架，傾身拉緊結凍的繩子，腳下很滑。另一群人過來裝載水泥，把一袋袋水泥扔上載貨板。

這條隧道是立在帝國邊緣的方尖碑。斜斜刻進山的表面。一道穿過岩石的光滑空心。軌道筆直地安在以斜堤墊高的基床上，再逐步於這片雜物堆與土丘中變緩為一公釐高度。我站著觀望繁瑣的拆除作業時，工頭看著手裡的裝置大喊：「來了！」第一輛從首都開往拉薩的火車即將經過。

火車轟隆隆駛過，燈光一閃一閃，鋼灰色的車體因速度而變得模糊，車窗裡閃過許多面孔，像艾茲拉・龐德（Ezra Pound）詩裡提到的地鐵花瓣，只是這裡有

第十八章
格爾木，走下天路

四千五百公尺高，火車快了一百倍，一條線性、機械的急流，穿梭在起點、目的地、歸屬與抱負之間，閃過的臉有些在睡夢中，有些盯著電子裝置，有些吸著麵條，有些無聊地望著窗外空無一物的風景，工人們停下望著火車經過，身上穿著加厚的棉夾克，也許他們心裡在想，不知道自己有沒有機會坐上這個他們協助建成的移動鋼條，閃過的臉看著回望他們的臉，瑞士工程師們說，閃過的這些火車窗戶是建不起來的，因為太危險、太高、對生態系統危害太大了，於是政府出馬請本國工程師興建，如今它一天載著八千人穿過這片遼闊結實的土地，進入西藏，載著他們的旅行包、報紙、破雨傘。他們趿著人字拖慢慢地走，手裡的茶杯以繩子繫在手腕上。

火車咻咻駛進隧道，高速碰撞的回音，傳回我們在這片結凍大地的掌心站著的地方。然後它就消失了，像一個金屬之夢、昆蟲的一段空中視野、一縷匆匆經過這片億萬年群山的未來幽魂。

工人們裝了三噸水泥到皮卡車上，底盤陷落到輪胎下方。一陣風雪吹來，天空在我們上方變得清澈蔚藍。白色與白金色的山巒圍繞著我們，如起縐的紙般起伏。

我們魚貫回到車上，包括那名招手要我們停下的工人，他要坐到格爾木送水泥。

「這位外國紳士是打哪兒來的？」他問司機。

「啊哈，你自己問他，他會告訴你的！」司機開著車在結冰的月景中忽上忽下，當這輛車是頭醉牛般操控，彷彿它有自己的意志，如水泥般冥頑呆鈍。

「哇，真不敢相信！你是白種中國人嗎？還是白子穆斯林？」

我想不出能匹配這好問題的好答案，所以微笑不語。

我們下山，將暴風雪拋在腦後，地景展開成大峽谷般的谷壁，一條條銅綠色襯著赭色與金黃色。兩個小時後，我們停車歇一會兒，伸懶腰打個呵欠，走到遠一點的地方去小便。這條路俯瞰著深谷中的一瀑塵土。乾涸的河床與十五公尺高的懸崖岸隨著山谷下降，侵蝕的痕跡蜿蜒穿過砂岩峭壁。從另一個方向仍可見到遠方的雪峰。

這幅景象令我目眩神馳，我著迷於這種夾縫求生的生命本質，這個高原與低地、山脈與沙漠的中途點，是超越時間、超越歷史、不在地圖上的。「你們國家的人旅行到這麼遠的地方算正常嗎？」鐵路工人問我。

在前往中甸的公車上，那名女子也這麼問過我，在香港的那名孟買餐廳老闆也是，我聽了總是忍俊不禁。我不知道所謂「正常」是什麼，除了在我看來似乎根本不正常的同質化與百依百順。把石油膠（凡士林）抹在頭上是正常的，像喝醉的足球迷般為母國的國軍加油是正常的。按照佐欽那位僧侶的說法，還有發生在美國街頭的衝突，被你自己的政府監禁或殺害是正常的。丟炸彈是正常的，賣炸彈是正常的，炸彈把孩童炸個稀爛彷彿是令人悔恨、該受譴責的憾事，但仍是不可避免而公認為正常的。正常是焚毀世界，將腳下的大地吸乾。正常是如影隨形地跟著我的地獄犬。

第十八章
格爾木，走下天路

***

我們駛過最後一段下坡路，來到一望無際的平坦路面，高速公路是一條畫進暗褐色與黃褐色沙漠的直線，崑崙山豎立在我們身後，崎嶇不平的巨山在陽光下閃爍。我們來到坐著牽引車喀嚓喀嚓前進的盜獵者身後，顯然我們繞到工地時，他們已超前我們了。我們咻一聲疾駛過他們身邊，連打招呼說再見的時間都沒有。一個有螢光塑膠門面的新加油站從沙地升起，彷彿是從未來、從某顆遠星來到這裡，它的油槽、泵浦、油管閃閃發亮。搖搖欲墜的皮卡車馱著捆在載貨板上的貨物呼嘯而過，在逆風中醺醺然地左搖右晃。通往格爾木的道路兩旁皆是樺樹，樹葉在暮色中閃耀著金光。

農具機械與銀行的廣告看板如神諭般豎立在我們加速通過的哈密瓜田旁，兩側的田地筆直地綿延數里。鋼骨玻璃大樓在遠處發光，亮晶晶的嶄新方尖碑、政府辦公大樓、電網管線，一切都高聳入雲，吸引我們將目光從地面抬起，那廣告看板比真人還大，那辦公大樓比任何人類抱負都更雄偉崇高、更光芒萬丈，大陸的隆起則在我們身後逐漸隱沒。

大道開進落日橘光洗滌下煙塵滿天的峽谷。格爾木是遠方的十字道路，建在另一座等待人居的幽冥城市內。近郊空無一人，只有幾輛計程車跌跌撞撞地繞著巨大圓環行駛，裊裊菸霧中拼湊出司機皺眉的臉，他們做足了轉彎的準備，彷彿唯恐錯過遊行，要催油門趕上，只要快一點、快一點、再快一點，也許我們就會抵達目的地，也許就能定住太陽的腦門，讓它永遠停住不動。清晨時分我還在可可西里，但如今方塔已取代了群山，巷道與廣告取代了高原的吶喊，那彷彿無遠弗屆、海枯石爛永遠不變的聲音。但才不過一天光景，我們就回到了現代的機械蝗蟲群中。

鐵路工人發出歡呼，這是他六個月來首次離開工地下山，可能已經在嚐白酒、聞香水味了吧，該死。司機笑得比先前更開心了，我也在笑。來到不受羈絆的道路盡頭，我們都如切斷絲線的傀儡般，想在抵達時縱情狂歡。「到了，耶。這裡就是格爾木，哈！你到底要上哪兒去？」司機問我。我沒有答案，那就像問一個從飛機上往下跳的盲眼跳傘員要去哪兒一樣。

「到市中心，老兄。哪兒都行。」我抓起背包，關上車門時大聲道謝並道別。三人繼續上路，送水泥到該送的目的地。

我已經抵達路的盡頭，帝國的盡頭。這裡是青海的盡頭、西藏的盡頭——街上有駱駝繫在路邊，店面招牌寫著阿拉伯文。新疆就在前方，絲路沿著塔克拉瑪干沙漠的邊緣，穿過綠洲城鎮到喀喇崑崙山，再到邊界外的阿富汗與巴基斯坦。西藏的種族文化滅絕已在身後，新疆的種族文化滅絕則在前方進行著，一百萬人被拘禁在再教育營、拘留營、集中營內。模板已經轉向北方與西方，套用在另一套方向、另一個種族、另一組資源與電線上，使用的不是水力而是油與天然氣。雖然已來到路的盡頭、

第十八章
格爾木，走下天路

地圖的邊緣，但帝國永遠先我一步，延伸到最高更遠的巔峰。

晚上我搭電梯到地下商場，在擺滿塑膠與錫箔包商品的超市貨架間遊蕩。我拿起一片比利時巧克力、一罐醃棕櫚心罐頭。那是另一個世界、另一個時代的遺跡——是過去或未來，我無從分辨。

但此刻我決定先逛城鎮一圈，路過卡拉OK女郎抵著球狀麥克風的廣告旗幟，路過如艦隊般沿著鎮中心磚道一字排開的撞球桌。一對新人站在人行道上畫得歪七扭八的愛心上，親友們向空中灑花瓣。一群維吾爾年輕人向我打招呼——哈囉，美國！——像西藏各地的年輕人那般歡天喜地，儘管不論從哪個角度來看，我的母國政府都正在全球各地與維吾爾的宗教交戰。頭上包著刺繡絲巾的女人與女孩微笑著，彷彿隨時都會禁不住笑開來，或像男人一樣大喊哈囉。

我走進一間維吾爾麵館，戴著無沿棉帽的男子正揉著麵團，砰一聲甩到不鏽鋼台上，拉成條狀再下鍋，滾燙的鍋裡熬著大骨。牆上架著可以追蹤記錄一切事件、一切言語的裝置。廚子告訴我，警察在他們家裡也安裝了這類裝置。每個維吾爾家庭的客廳牆上，現在都裝有這樣一臺記錄器。既然都擺明這麼做了，我很好奇他們是否還會費心禁印喬治·歐威爾（George Orwell）的《一九八四》。

他們要來傾斜你，斜角你，那是當然的，他們對自己這麼做，對整個地球都這麼做，憑什麼對你另眼看待？這是他們認識的唯一一支舞。回到人行道，在「禁止攜帶武器」的標誌下，有一個來往這條街的行人必經的金屬探測器。一群突擊隊員會攔下行人檢查他們的裝置，看看是否有任何危害國家霸權、反對現況的異論，他們會捲動瀏覽每個人的訊息、相片、歷史，檢查他們對哪些貼文表示喜愛、按讚，給誰傳送親吻的卡通圖案。遷徙永遠不會停止，只會循環再重新開始。我已經來到西藏邊緣，不停到更高、更遠的地方，而終究是為了返回低地和威權的幹道中。我已經抵達帝國的盡頭。它在我身後，也在我前方，超越了我也深入內裡。再踏一步，我就會把它拋諸腦後，再走一步，又會回到這片網絡。

站在水泥步道上，我想到遍灑高原的那片不經任何篩濾的天光，幾小時前我還在那裡。陽光的波浪與粒子傾瀉而下，我們也是波浪與粒子——如波浪般起伏的山岳，海洋的藍色海浪，性與上進的湧動，銅與銀的粒子，象牙製的假牙與寶石製的義眼，色彩與皮膚、嘴唇與手指的人浪，從海中升起為雨、落在山頭最後流回海裡的波浪，奶油與鹽的浮浪，道路與河流所穿越的肉鋼微粒，呼吸與思想的浪潮、過往的暴力平息又在前方升起的風浪、在岩石與時間之岸拍打的希望之浪，追憶與遺忘的浪濤，一波波的你與我……

金屬探測器響起時，突擊隊員攔住我，照常拍了幾張安檢照片。但接著他們把我押在桌上，只要我試著起身，就拿警棍敲我的手，並持棍在我身後探測。他們從背包裡拿出鋼筆，問我那是什麼、有何用途。他們叫我打開並倒空。墨汁濺了出來，在水泥上留下羅夏墨跡般的墨漬。我的臉因為汗水與無助及屈辱的淚水而溼透，脊椎感覺僵硬並吱嘎作響，腳突然痛了起來。折騰並擊垮我後，突擊隊員又無緣無故地揮手要我離開，我的背包裡還有更多墨水，但他們沒有費神去檢查。就如在大理時老陳說的，警察只執行必要的命令，不惹麻煩上身就好，但當他們拿著警棍與槍壓制你、站在你身後，你並不覺得他們有那麼敷衍了事。

我仍保有半瓶的北極熊藍色防彈墨水，保證防水、防脫色、防溶劑、防石化產品與所有已知的仿造工具。北極意味著它不會結冰——零下四十度也寫得出來。防彈意味著它永遠暈不開也抹不掉。藍色是天空的顏色、海洋的顏色，還有流淌於天海之間的一切河流的顏色。

從青藏高原下山後所見的崑崙山

謝辭

感謝卡爾、賈斯汀、阿芙辛、保羅、亨利克、丹恩、喬、凱特與提托、柯林與京都、羅傑與薇姬，還有我的父母，從各方面給予我的支持。十分感謝丹娜、道格、麥克、約翰．梭恩、布蘭達多年來閱讀本書的草稿，而從未對最終成果減少一分信念。

我很感謝樟腦出版社（Camphor Press）的約翰、馬克、邁可細心而熱忱的工作。他們協助讓本書變得更具體，歷史細節更準確，使我在召喚這些風景與社群時，不流於過度抒情。感謝《京都日誌》（*Kyoto Journal*）、《亞洲文學評論》（*Asia Literary Review*）、《敘事雜誌》（*Narrative Magazine*）、《馬拉》（*Mala*）的編輯們，刊出本書敘事的摘文。

我希望對自己在多次旅途中碰見的當地藏民表示感謝，他們總是十分親切，且慷慨得驚人。儘管我對中國政府的政策與產業開發計畫頗有微詞，但我在西藏地區與中國其他地方遇見的漢人始終很好客友善，謙恭有禮。

所有相片都是在二〇〇四年以黑白底片拍攝。

國家圖書館出版品預行編目(CIP)資料

2250 km．藏東紀事：生存與劫難下的真實西藏／史考特．伊佐（Scott Ezell）作；謝汝萱 譯. -- 初版. -- 新北市：好優文化，2022.11
288 面；17×23公分 --（View；89）
譯自：Journey to the end of the empire: on the road in eastern tibet
ISBN 978-626-96394-6-5（平裝）

1.CST：人文地理 2.CST：遊記 3.CST：西藏自治區

676.64 111013593

view 089

2250 km．藏東紀事

生存與劫難下的真實西藏

Journey to the end of the empire: on the road in eastern tibet

作　　者／史考特．伊佐（Scott Ezell）
譯　　者／謝汝萱
社　　長／陳純純
總 編 輯／鄭　潔
副總編輯／張愛玲
主　　編／林宥彤
封面設計／陳姿妤
內文排版／顏麟驊
整合行銷經理／陳彥吟
業務負責人／何慶輝（pollyho@elitebook.tw）

出版發行／出色文化出版事業群．好優文化
電　　話／02-8914-6405
傳　　真／02-2910-7127
劃　　撥／50197591
劃撥戶名／好優文化出版有限公司
電子郵件信箱／good@elitebook.tw
出色文化臉書／https://www.facebook.com/goodpublish
地　　址／台灣新北市新店區寶興路45巷6弄5號6樓
法律顧問／六合法律事務所　李佩昌律師

印　　製／鴻友印前數位整合股份有限公司
初　　版／2022年11月
I S B N／978-626-96394-6-5
定　　價／480元

First published by Camphor Press Ltd